Benutzerbibel des Google Pixel 9 Pro

Die Ultimative Ressource für Jeden Benutzer

Tech Trends

Benutzerbibel des Google Pixel 9 Pro

Copyright © 2024 von Tech Trends

Alle Rechte vorbehalten.
Kein Teil dieses Buches darf ohne die schriftliche Genehmigung des Herausgebers auf irgendeine Weise, sei es grafisch, elektronisch oder mechanisch, einschließlich Fotokopieren, Aufzeichnen, Aufnehmen oder durch ein Informationsspeicher Abrufsystem, verwendet oder reproduziert werden.

Benutzerbibel des Google Pixel 9 Pro

INHALTSVERZEICHNIS

Einführung in das Google Pixel 9 Pro.................... 7
Überblick über das Pixel 9 Pro: Funktionen und Spezifikationen.. 7
Auspacken: Was ist in der Box?............................. 10
Erstmalige Einrichtung: Erste Schritte mit Ihrem Gerät.. 12
Entdecken Sie das Design des Google Pixel 9 Pro 14

Beherrschen der Benutzeroberfläche des Google Pixel 9 Pro... 18
Navigieren in Android 14 auf Pixel 9 Pro................ 19
Anpassen Ihr Startbildschirm und Ihre Widgets......22
App-Management: Apps herunterladen, organisieren und verwalten... 25
Gesten und Verknüpfungen: Maximierung der Effizienz... 28

Anzeige- und Leistungsoptimierung auf dem Google Pixel 9 Pro.. 32
Das 6,7-Zoll-AMOLED-Display des Pixel 9 Pro: Funktionen und Einstellungen............................... 33
Adaptive Bildwiederholfrequenz: Verbesserung der Anzeigeglätte.. 37
Leistungssteigerung: Tipps zur Batterie- und RAM-Verwaltung...39
Spielemodus und Hochleistungseinstellungen für Gamer..43

Kamerabeherrschung: Fotos und Videos auf

Benutzerbibel des Google Pixel 9 Pro

professionellem Niveau mit dem Google Pixel 9 Pro aufnehmen.. 48
    Das Dreifachlinsensystem verstehen: Hauptobjektiv, Ultraweitwinkelobjektiv und Teleobjektiv.................49
    Erweiterte Fotofunktionen: Nachtsicht, Porträtmodus und Super-Resolution-Zoom......................................53
    4K- und 8K-Videos aufnehmen: Tipps für die perfekte Aufnahme... 57
    Bearbeiten von Fotos und Videos: Verwenden von Google Fotos und integrierten Tools......................61

Google Assistant und Smart Features auf dem Google Pixel 9 Pro.. 66
    Einrichten und Personalisieren von Google Assistant 67
    Sprachbefehle und Spracheingabe......................... 70
    Google Lens: Verwendung von KI zur Bilderkennung 74
    Smart Home-Integration mit Pixel 9 Pro................. 77

Sicherheits- und Datenschutzeinstellungen auf dem Google Pixel 9 Pro.. 83
    Gesichtserkennung und Fingerabdrucksicherheit.. 84
    Einrichten der Zwei-Faktor-Authentifizierung (2FA)89
    Verwalten von App-Berechtigungen für maximale Privatsphäre..93
    Schützen Sie Ihre Daten: Backups und Verschlüsselungsoptionen...97

Konnektivitäts- und Netzwerkfunktionen des Google Pixel 9 Pro... 102
    5G und Wi-Fi 6E: Maximierung von Geschwindigkeit und Konnektivität... 103
    Bluetooth 5.2: Geräte koppeln und verwalten...... 109

Verwendung von eSIM- und Dual-SIM-Funktionen.... 112

Casting und Spiegelung mit Chromecast und anderen Geräten.. 115

Akkulaufzeit und Ladelösungen für das Google Pixel 9 Pro..119

Die adaptive Akkutechnologie des Pixel 9 Pro verstehen.. 120

Tipps zum schnellen und kabellosen Laden......... 123

Batteriezustandsmanagement: Verlängern Sie die Lebensdauer Ihrer Batterie................................. 128

Batteriesparmodi und Tipps zur Energieeffizienz. 132

Fehlerbehebung und Wartung für das Google Pixel 9 Pro..138

Häufige Probleme und Korrekturen: Konnektivität, Leistung und Apps... 139

Zurücksetzen Ihres Geräts: Soft- und Hard-Resets.... 145

Software-Updates: So bleiben Sie mit Android- und Pixel-Updates auf dem Laufenden....................... 148

Tipps, wie Sie Ihr Pixel 9 Pro in Top-Zustand halten.. 150

Erweiterte Tipps und Tricks für Power-User des Google Pixel 9 Pro...155

Entwicklermodus: Erweiterte Funktionen aktivieren und verwenden.. 156

Exklusive Funktionen von Google Pixel: Jetzt abgespielt, Anrufüberwachung und mehr.............. 159

Anpassen das Pixel-Erlebnis: ROMs und benutzerdefinierte Launcher.................................. 163

Integration in das Google-Ökosystem: Nahtlose

Benutzerbibel des Google Pixel 9 Pro

Nutzung auf allen Geräten......................................166
Glossar der Begriffe... 170

Benutzerbibel des Google Pixel 9 Pro

Benutzerbibel des Google Pixel 9 Pro

Einführung in das Google Pixel 9 Pro

Das Google Pixel 9 Pro ist der Inbegriff moderner Smartphone-Technologie und repräsentiert die neuesten Fortschritte in den Bereichen mobiles Computing, Fotografie und Benutzererfahrung. Als Teil der Flaggschiff-Pixel-Serie von Google veröffentlicht, baut das Pixel 9 Pro auf seinen Vorgängern auf und bietet gleichzeitig hochmoderne Funktionen, die sowohl Gelegenheitsnutzer als auch Technikbegeisterte ansprechen.

Überblick über das Pixel 9 Pro: Funktionen und Spezifikationen

Benutzerbibel des Google Pixel 9 Pro

Das Google Pixel 9 Pro soll mit den Top-Smartphones der Branche konkurrieren. Es kombiniert Googles Fachwissen in KI-gesteuerter Software mit Premium-Hardware, um ein leistungsstarkes, nahtloses Erlebnis zu bieten. Das Pixel 9 Pro verfügt über ein 6,7-Zoll-AMOLED-Display mit einer atemberaubenden QHD+-Auflösung von 3200 x 1440 Pixeln, das lebendige Farben und scharfe Details bietet. Die adaptive Bildwiederholfrequenz von 120 Hz macht alles, vom Scrollen bis zum Spielen, flüssiger als je zuvor.

Unter der Haube steckt im Pixel 9 Pro das Neueste **Google Tensor G3-Chip**, das speziell für Pixel-Geräte entwickelt wurde. Dieser Chipsatz verbessert die Leistung KI-gesteuerter Aufgaben und verbessert alles von der Fotoverarbeitung bis zur Spracherkennung. Es wird unterstützt von **12 GB RAM** und Speichermöglichkeiten reichen von **128 GB bis 512 GB**So bleibt das Gerät auch bei starker Beanspruchung griffig.

Benutzerbibel des Google Pixel 9 Pro

Eines der herausragenden Merkmale ist das **Kamerasystem**, mit einem Dreifachobjektiv-Setup, das Folgendes umfasst: **50 MP Weitwinkelobjektiv**, A **48-MP-Teleobjektiv mit 5-fach optischem Zoom**, und a **12 MP Ultraweitwinkelobjektiv**. Das Pixel 9 Pro ist weiterhin Marktführer in der Computerfotografie und nutzt die KI von Google, um die Fotoqualität bei schlechten Lichtverhältnissen zu verbessern, detaillierte Porträts zu erstellen und atemberaubende Landschaften einzufangen. Das Gerät unterstützt auch **8K-Videoaufnahme**, um sicherzustellen, dass Videos mit tadellosen Details aufgenommen werden.

Auch die Akkulaufzeit hat sich verbessert, u. a **5000-mAh-Akku** das unterstützt **Schnellladung mit 30 W** Und **kabelloses Laden**. Darüber hinaus lässt sich das Pixel 9 Pro nahtlos in das Google-Ökosystem integrieren und bietet einzigartige Softwarefunktionen wie **Anrufüberprüfung**, **Jetzt gespielt**, Und **Spracheingabe mit Google Assistant**. Das

Gerät wird mit geliefert **Android 14**, um sicherzustellen, dass Nutzer über die neueste und sicherste Version des mobilen Betriebssystems von Google verfügen.

Auspacken: Was ist in der Box?

Das Auspackerlebnis des Google Pixel 9 Pro ist einfach und dennoch zufriedenstellend gestaltet. Google setzt seinen Trend zu umweltbewussten Verpackungen mit einem minimalistischen Design aus recycelten Materialien fort. Wenn Sie die Box öffnen, finden Sie Folgendes:

- **Google Pixel 9 Pro-Gerät**: Das Smartphone selbst, mit werkseitig installierter Displayschutzfolie.
- **USB-C-auf-USB-C-Kabel**: Ein hochwertiges Ladekabel für schnelle Datenübertragung und Aufladung.
- **USB-C-auf-USB-A-Adapter**: Mit diesem Adapter können Sie Daten von Ihrem vorherigen Gerät auf Ihr neues Pixel 9 Pro übertragen.

- **Kurzanleitung**: Eine kurze Anleitung mit Anweisungen, wie Sie Ihr Gerät in Betrieb nehmen.
- **SIM-Auswurfwerkzeug**: Wird zum Einlegen oder Entfernen Ihrer SIM-Karte verwendet.

Beachten Sie, dass Google dem Paket keinen Ladestein mehr beilegt, da dies dem wachsenden Branchentrend hin zu ökologischer Nachhaltigkeit folgt. Allerdings unterstützt das Pixel 9 Pro die meisten USB-C-Ladegeräte, sodass Sie ein vorhandenes Ladegerät verwenden oder eines separat erwerben können.

Erstmalige Einrichtung: Erste Schritte mit Ihrem Gerät

Das erstmalige Einrichten des Google Pixel 9 Pro ist ein unkomplizierter Vorgang, der auch für technisch nicht versierte Benutzer benutzerfreundlich ist. Beim Einschalten des Geräts werden Sie vom bekannten Google-Begrüßungsbildschirm begrüßt, der Sie auffordert, Ihre Sprache auszuwählen und eine

Benutzerbibel des Google Pixel 9 Pro

Verbindung zu einem Wi-Fi-Netzwerk herzustellen.

Sobald die Verbindung hergestellt ist, werden Sie durch den Einrichtungsprozess geführt **Melden Sie sich mit Ihrem Google-Konto an**. Dieser Schritt ist wichtig, da er Ihnen die Synchronisierung Ihrer Apps, Kontakte und Einstellungen von früheren Android-Geräten ermöglicht. Wenn Sie von einem anderen Telefon wechseln, wird die **Pixelübertragungstool** macht es einfach, Ihre Daten, einschließlich Fotos, Kontakte und Apps, von Ihrem alten Gerät auf das Pixel 9 Pro zu übertragen. Dieses Tool unterstützt sowohl Android- als auch iPhone-Geräte und ermöglicht so einen nahtlosen Übergang.

Nach der Anmeldung können Sie Sicherheitsfunktionen anpassen, z **Gesichtserkennung** Und **Scannen von Fingerabdrücken**, um Ihr Telefon ganz einfach zu entsperren. Google fordert Nutzer außerdem dazu auf, die Funktion zu aktivieren **Google Assistant**, das tief in das Pixel-Ökosystem integriert ist und sprachaktivierte Befehle und personalisierte Vorschläge bietet.

Abschließend bietet der Einrichtungsprozess eine Einführung in die wichtigsten Funktionen des Pixel 9 Pro, wie z **Adaptive Batterieeinstellungen**, die dazu beitragen, die Akkulaufzeit zu verlängern, indem sie stromhungrige Apps einschränken, und **Tools für das digitale Wohlbefinden**, entwickelt, um gesunde Telefonnutzungsgewohnheiten zu fördern. Innerhalb weniger Minuten sind Sie bereit, Ihr neues Gerät zu erkunden.

Entdecken Sie das Design des Google Pixel 9 Pro

Das Google Pixel 9 Pro wurde sorgfältig im Hinblick auf Ästhetik und Funktionalität gefertigt. Auf den ersten Blick fällt sofort die elegante und hochwertige Verarbeitung des Telefons auf. Erhältlich in verschiedenen Farben – wie z **Obsidianschwarz**, **Bewölktes Weiß**, und das Elegante **Hasel**– Das Pixel 9 Pro hat ein raffiniertes Aussehen, das sowohl Minimalisten als auch diejenigen anspricht, die einen ausdrucksstärkeren Stil bevorzugen.

Der **6,7-Zoll-AMOLED-Display** dominiert die Vorderseite des Geräts und erstreckt sich fast von Kante zu Kante mit minimalen Rändern. Dies ermöglicht ein immersives Seherlebnis, egal ob Sie Videos ansehen, Spiele spielen oder im Internet surfen. Der **gebogene Kanten** bieten einen angenehmen Halt, während die Glasrückseite eine matte Oberfläche aufweist, die sie resistent gegen Fingerabdrücke und Flecken macht.

Eines der markantesten Elemente des Designs des Pixel 9 Pro ist das **Kameraleiste** die sich über die gesamte Breite der Rückseite des Telefons erstreckt. Diese einzigartige Designwahl unterscheidet es nicht nur von anderen Smartphones, sondern bietet auch einen funktionalen Vorteil, der es Google ermöglicht, größere Kamerasensoren zu integrieren, ohne das schlanke Profil des Telefons zu beeinträchtigen. Die Kameraleiste ist leicht erhöht, fühlt sich aber glatt an und verleiht dem

Telefon ein ausgewogenes, futuristisches Aussehen.

Der **Der Rahmen besteht aus poliertem Aluminium**Dies erhöht die Haltbarkeit, ohne das Gewicht des Geräts zu erhöhen. Das Pixel 9 Pro ist **IP68-zertifiziert**Das bedeutet, dass es staub- und wasserabweisend ist und einem Eintauchen in bis zu 1,5 Meter tiefes Wasser für 30 Minuten standhält. Dieses Schutzniveau stellt sicher, dass das Telefon alltäglichen Unfällen wie Spritzern oder Tropfen ins Wasser standhält.

Auf der Seite finden Sie die **Power-Taste** Und **Lautstärkeregler**, beide leicht zugänglich mit einem angenehmen taktilen Klick. Unten ist das **USB-C-Anschluss** wird von zwei Lautsprechern flankiert und bietet ein Stereo-Audioerlebnis, das sich ideal für den Medienkonsum eignet. Das Pixel 9 Pro verfügt zwar nicht über einen 3,5-mm-Kopfhöreranschluss, unterstützt aber eine Vielzahl von Bluetooth-Audiogeräten **Bluetooth 5.2**, bietet hervorragende Klangqualität und stabile Verbindungen.

Beherrschen der Benutzeroberfläche des Google Pixel 9 Pro

Das Google Pixel 9 Pro mit Android 14 bietet eine übersichtliche, intuitive und hochgradig anpassbare Benutzeroberfläche. Ganz gleich, ob Sie neu bei Android sind oder ein erfahrener Benutzer: Wenn Sie die Benutzeroberfläche beherrschen, können Sie die Funktionen und Fähigkeiten Ihres Geräts optimal nutzen.

Navigieren in Android 14 auf Pixel 9 Pro

Benutzerbibel des Google Pixel 9 Pro

Android 14, die neueste Version des mobilen Betriebssystems von Google, bringt Verbesserungen in Bezug auf Benutzererfahrung, Sicherheit und Leistung. Die Navigation in Android 14 auf dem Pixel 9 Pro ist nahtlos und bietet ein flüssiges Erlebnis mit durchdachten Designoptionen.

Der **Navigationsleiste** ist das Herzstück Ihrer Interaktion mit dem Pixel 9 Pro. Standardmäßig bietet Android 14 eine gestenbasierte Navigation, wodurch physische Tasten überflüssig werden und mehr Platz auf dem Bildschirm für Ihre Inhalte bleibt. Hier sind die wichtigsten Gesten:

- **Home-Geste**: Wenn Sie vom unteren Bildschirmrand nach oben wischen, gelangen Sie von jeder App aus zurück zum Startbildschirm. Dies ersetzt den herkömmlichen Home-Button.
- **Zurück-Geste**: Das Wischen vom linken oder rechten Bildschirmrand dient als Zurück-Taste und führt Sie zum

vorherigen Bildschirm oder zur vorherigen Aktion.
- **App-Umschalter**: Um auf den Bildschirm „Letzte Apps" zuzugreifen, wischen Sie vom unteren Bildschirmrand nach oben und halten Sie ihn eine Sekunde lang gedrückt. Sie sehen eine horizontale Liste Ihrer zuletzt verwendeten Apps, sodass Sie schnell zwischen ihnen wechseln können.
- **Schnelleinstellungsfeld**: Wenn Sie vom oberen Bildschirmrand nach unten wischen, werden der Benachrichtigungsschatten und das Schnelleinstellungsfeld angezeigt. Hier können Sie Einstellungen wie WLAN, Bluetooth, Helligkeit und mehr anpassen.
- **Google Assistant**: Sie können Google Assistant aufrufen, indem Sie diagonal von den unteren Ecken wischen oder den Einschaltknopf lange drücken.

Neben Gesten umfasst Android 14 auch Gesten **Intelligente Benachrichtigungen**, wo Sie direkt über das Benachrichtigungsfeld mit Nachrichten, E-Mails und anderen Benachrichtigungen interagieren können, ohne die App öffnen zu müssen. Das Pixel 9 Pro unterstützt auch **Split-Screen-Modus**, wodurch Sie zwei Apps gleichzeitig ausführen können. Um dies zu aktivieren, drücken Sie lange auf das App-Symbol im Menü „Letzte Apps" und wählen Sie „Geteilter Bildschirm".

Der **Pixel-Launcher**, exklusiv für Google-Geräte, ist sauber und minimalistisch und immer präsent **Google-Suchleiste** am unteren Rand des Startbildschirms, sodass Sie ganz einfach sowohl auf Ihrem Gerät als auch im Internet suchen können. Sie können auf die App-Schublade zugreifen, indem Sie auf dem Startbildschirm nach oben wischen. Dort werden alle installierten Apps in alphabetischer Reihenfolge angezeigt.

Anpassen Ihr Startbildschirm und Ihre Widgets

Der Startbildschirm ist Ihr persönlicher Bereich auf dem Pixel 9 Pro, und Android 14 ermöglicht ein hohes Maß an Anpassungsmöglichkeiten, sodass Sie ihn an Ihre Vorlieben und Ihren Arbeitsablauf anpassen können. Das Anpassen des Startbildschirms beginnt mit der Änderung des **Tapete**. Drücken Sie dazu lange auf eine beliebige leere Stelle auf dem Startbildschirm und wählen Sie aus **Tapete & Stil**. Sie können aus den voreingestellten Hintergrundbildern wählen oder Ihre eigenen Bilder verwenden. Android 14 ist ebenfalls verfügbar **Dynamische Farbe**, das die Systemfarben (wie Schaltflächen und Symbole) automatisch an die Farbtöne des von Ihnen gewählten Hintergrundbilds anpasst.

Zusätzlich zum Hintergrundbild auch Android **Widgets** sind eine hervorragende Möglichkeit, Informationen auf einen Blick anzuzeigen. Widgets sind kleine App-Schnittstellen, die Live-Daten bereitstellen, ohne dass die vollständige App geöffnet werden muss. Sie können beispielsweise ein Uhr-, Kalender- oder

Wetter-Widget direkt auf Ihrem Startbildschirm haben. So fügen Sie ein Widget hinzu:

1. **Drücken Sie lange auf den Startbildschirm** und auswählen **Widgets**.
2. **Durchsuchen Sie die Liste der verfügbaren Widgets** und tippen Sie auf die Person, die Sie hinzufügen möchten.
3. **Ziehen Sie das Widget an Ihren bevorzugten Ort** auf dem Startbildschirm und ändern Sie bei Bedarf die Größe.

Die Größe der Widgets lässt sich vollständig ändern, sodass Sie sie je nachdem, wie viele Informationen Sie sehen möchten oder wie sie in Ihr Layout passen, anpassen können. Zu den beliebten Pixel-spezifischen Widgets gehören die **Auf einen Blick** Widget, das Kalenderereignisse, Wetteraktualisierungen und Verkehrsbedingungen anzeigt, und das **Google Keep** Widget für schnelle Notizen.

Sie können das auch anpassen **Symbollayout** Und **App-Verknüpfungen**. Android 14 ermöglicht **App-Ordner**, mit denen Sie verwandte Apps auf dem Startbildschirm gruppieren können. Um einen Ordner zu erstellen, ziehen Sie einfach eine App über eine andere und das System erstellt automatisch einen Ordner. Sie können den Ordner umbenennen und an einer beliebigen Stelle auf dem Startbildschirm platzieren.

App-Management: Apps herunterladen, organisieren und verwalten

Eine effiziente App-Verwaltung ist der Schlüssel, um Ihr Pixel 9 Pro optimal zu nutzen. Mit Android 14 hat Google das Herunterladen, Organisieren und Verwalten Ihrer Apps einfacher denn je gemacht.

Zu **Apps herunterladen**, der Google Play Store ist Ihre Hauptquelle. Sie können den Play Store über die App-Schublade öffnen und dort nach neuen Apps, Spielen und Inhalten suchen. Der Play Store kategorisiert Apps in verschiedene Abschnitte wie „Top Free", „Trending" und „Editor's Choice", sodass Sie ganz einfach neue

Apps entdecken können. Sobald Sie eine App gefunden haben, klicken Sie einfach darauf **Installieren**, und es wird automatisch zu Ihrer App-Schublade und möglicherweise Ihrem Startbildschirm hinzugefügt.

Das Verwalten von Apps geht über das bloße Herunterladen hinaus. Der **App-Schublade** Ordnet alle Ihre Apps alphabetisch und ist zugänglich, indem Sie vom unteren Rand des Startbildschirms nach oben wischen. Wenn Sie einen schnelleren Zugriff auf häufig verwendete Apps wünschen, können Sie dies tun **Apps an den Startbildschirm anheften** indem Sie lange auf ein App-Symbol drücken und es an die gewünschte Stelle ziehen.

Im Laufe der Zeit kommt es häufig vor, dass sich Apps ansammeln, die Ihr Gerät überladen können. Zu **Eine App entfernen oder deinstallieren**, drücken Sie lange auf das App-Symbol und wählen Sie aus **Deinstallieren** oder **Vom Startbildschirm entfernen**. Sie können auch App-Einstellungen und Speichernutzung verwalten, indem Sie zu navigieren **Einstellungen > Apps & Benachrichtigungen**. Von hier aus können Sie sehen, wie viel Speicherplatz jede App verbraucht, Berechtigungen anpassen und das Stoppen oder Deinstallieren von Apps erzwingen.

Ein weiteres nützliches Tool ist **App-Vorschläge**, eine Funktion, die basierend auf Ihrem Nutzungsverhalten intelligent vorhersagt, welche Apps Sie als Nächstes benötigen, und sie für einen einfachen Zugriff unten in der App-Schublade oder auf dem Startbildschirm platziert. Sie können diese Funktion unten aktivieren oder deaktivieren **Einstellungen > Home-Einstellungen**.

Gesten und Verknüpfungen: Maximierung der Effizienz

Google Pixel 9 Pro und Android 14 bieten zahlreiche Gesten und Verknüpfungen, mit denen Sie schneller navigieren und effizienter arbeiten können. Diese Funktionen machen zusätzliches Tippen oder eine komplexe

Menünavigation überflüssig und ermöglichen Ihnen, Dinge schnell zu erledigen.

Hier sind einige der nützlichsten Gesten und Verknüpfungen:

- **Schnelltippen**: Dies ist eine einzigartige Funktion des Pixel 9 Pro, mit der Sie Aktionen ausführen können, indem Sie auf die Rückseite des Telefons tippen. Sie können es so einrichten, dass Screenshots erstellt, bestimmte Apps geöffnet oder Benachrichtigungen angezeigt werden. Um es zu aktivieren, gehen Sie zu **Einstellungen > System > Gesten > Schnelltippen**.
- **Wechseln Sie zu Shhh**: Dies ist eine schnelle und einfache Möglichkeit, Ihr Telefon stummzuschalten. Wenn die Funktion aktiviert ist, legen Sie Ihr Telefon einfach mit der Vorderseite nach unten und es wechselt automatisch in den „Nicht stören"-Modus. Sie können es unten aktivieren **Einstellungen > System > Gesten > Auf Shhh umdrehen**.

- **Drücken Sie zweimal die Ein-/Aus-Taste der Kamera**: Mit dem Pixel 9 Pro können Sie durch zweimaliges Drücken der Ein-/Aus-Taste schnell auf die Kamera zugreifen, auch wenn das Telefon gesperrt ist. Dies ist besonders nützlich, um spontane Momente festzuhalten. Um dies zu aktivieren oder anzupassen, gehen Sie zu **Einstellungen > System > Gesten > Ein-/Aus-Taste zweimal drücken**.
- **Wischen Sie für Benachrichtigungen**: Sie können den Benachrichtigungsschirm herunterziehen, indem Sie einfach auf dem Fingerabdrucksensor (auf der Rückseite des Telefons) nach unten wischen. Dies ist praktisch, um Benachrichtigungen zu überprüfen, ohne zum oberen Bildschirmrand greifen zu müssen. Um diese Funktion zu aktivieren, gehen Sie zu **Einstellungen > System > Gesten > Fingerabdruck für Benachrichtigungen wischen**.

- **Schneller Zugriff auf die Einstellungen**: Durch langes Drücken eines beliebigen Symbols (z. B. WLAN oder Bluetooth) im Schnelleinstellungsfeld gelangen Sie direkt zur entsprechenden Einstellungsseite für schnellere Anpassungen.
- **App-Verknüpfungen**: Durch langes Drücken auf App-Symbole auf dem Startbildschirm können zusätzliche Optionen angezeigt werden, z. B. das Erstellen einer direkten Verknüpfung zu einer bestimmten Funktion innerhalb der App (z. B. direktes Öffnen der Kamera in den Selfie-Modus oder Einspringen in eine bestimmte Konversation in einer Messaging-App).

Diese Gesten und Verknüpfungen sparen nicht nur Zeit, sondern sorgen auch für ein reibungsloseres und intuitiveres Erlebnis und helfen Ihnen, mit minimalem Aufwand produktiv zu bleiben.

Benutzerbibel des Google Pixel 9 Pro

Anzeige- und Leistungsoptimierung auf dem Google Pixel 9 Pro

Das Google Pixel 9 Pro bietet ein erstklassiges Erlebnis mit seinem lebendigen 6,7-Zoll-AMOLED-Display und einer Reihe leistungsstarker Leistungsfunktionen. Ganz gleich, ob Sie Ihr Display für gestochen scharfe Bilder optimieren oder die Leistung Ihres Geräts für alltägliche Aufgaben oder Spiele verbessern möchten: Das Wissen über die Feinabstimmung dieser Funktionen ist der Schlüssel zur

Ausschöpfung des vollen Potenzials des Pixel 9 Pro.

Das 6,7-Zoll-AMOLED-Display des Pixel 9 Pro: Funktionen und Einstellungen

Die Pixel 9 Pro's **6,7-Zoll-AMOLED-Display** ist eines seiner herausragenden Merkmale und bietet einen großen, hochauflösenden Bildschirm, der sich perfekt zum Konsumieren von Inhalten, Spielen und für den allgemeinen Gebrauch eignet. Mit einem **QHD+ (3200x1440 Pixel) Auflösung**Es liefert gestochen scharfe Details und lebendige Farben, sodass die Bilder hervorstechen und dafür gesorgt wird, dass Texte und Bilder scharf aussehen.

Eine der größten Stärken der AMOLED-Technologie ist ihre Fähigkeit, echte Bilder zu liefern **tiefe Schwarztöne** durch Ausschalten einzelner Pixel. Dadurch wird nicht nur der Kontrast verbessert, sondern auch die Energieeffizienz verbessert, da schwarze Pixel keinen Strom verbrauchen. Gepaart mit

HDR10+-Unterstützung Das Display des Pixel 9 Pro sorgt für ein immersives Erlebnis beim Ansehen von hochauflösenden Videos und beim Streamen von Inhalten. Helle Lichter, detaillierte Schatten und eine große Farbpalette sorgen zusammen für ein beeindruckendes Seherlebnis, insbesondere beim Ansehen von Filmen oder beim Spielen von Spielen, die HDR nutzen.

Anpassen der Anzeigeeinstellungen:

Google hat mehrere Einstellungen bereitgestellt, mit denen Nutzer die Anzeige genau an ihre Bedürfnisse anpassen können. Um darauf zuzugreifen, gehen Sie zu **Einstellungen > Anzeige**. Hier können Sie Folgendes anpassen:

- **Helligkeit**: Das Pixel 9 Pro verfügt über eine adaptive Helligkeitsfunktion, die die Bildschirmhelligkeit automatisch an die Beleuchtung um Sie herum anpasst. Sie können die adaptive Helligkeit umschalten oder den Helligkeitsregler je nach Umgebung und persönlichen Vorlieben manuell anpassen.

- **Anzeigegröße und Text**: Passen Sie die Größe von Bildschirmelementen wie Symbolen und Text an. Dies ist hilfreich, um die Anzeige von Inhalten auf dem Bildschirm anzupassen, insbesondere wenn Sie größeren Text oder kompaktere Elemente bevorzugen.
- **Dunkler Modus**: Verwenden **Dunkler Modus** kann dazu beitragen, die Belastung der Augen in Umgebungen mit wenig Licht zu reduzieren und gleichzeitig die Akkulaufzeit zu verlängern, da AMOLED-Displays bei der Anzeige schwarzer Pixel weniger Strom verbrauchen. Dieser Modus kann manuell umgeschaltet oder so eingestellt werden, dass er je nach Tageszeit aktiviert wird.
- **Farbeinstellungen**: Beim Pixel 9 Pro können Sie das Farbprofil des Displays anpassen. Unter **Einstellungen** > **Anzeige** > **Farben**können Sie zwischen drei Profilen wählen:
    - **Natürlich**: Liefert präzise und gedämpfte Farbtöne.

- **Gesteigert**: Erhöht leicht die Farbbrillanz, ohne sie zu gesättigt zu machen.
- **Adaptiv**: Passt die Farbsättigung automatisch an den angezeigten Inhalt an.

Diese Einstellungen stellen sicher, dass Sie die volle Kontrolle über das Aussehen und die Leistung Ihres Displays haben, sodass Sie Ihr Seherlebnis personalisieren können.

Adaptive Bildwiederholfrequenz: Verbesserung der Anzeigeglätte

Das Pixel 9 Pro ist mit einem ausgestattet **adaptive Bildwiederholfrequenz**, die von reicht **1Hz bis 120Hz**. Diese Funktion passt die Bildwiederholfrequenz des Bildschirms automatisch an, je nachdem, was Sie gerade tun, und sorgt so für ein Gleichgewicht zwischen Anzeigeglätte und Akkueffizienz. Beispielsweise erhöht sich die Bildwiederholfrequenz für flüssiges Scrollen, Spiele oder Animationen auf 120 Hz, sinkt

Benutzerbibel des Google Pixel 9 Pro

jedoch auf 1 Hz, wenn statische Inhalte wie Text oder Bilder angezeigt werden, wodurch der Batterieverbrauch gesenkt wird.

Sie können die Aktualisierungsrate unten überprüfen und verwalten **Einstellungen > Anzeige > Glatte Anzeige**. Obwohl dies standardmäßig aktiviert ist, ist es wichtig zu beachten, wie es Ihr Gesamterlebnis verbessert. Höhere Bildwiederholraten sorgen für flüssigere Animationen, schnelleres Scrollen und ein reaktionsschnelleres Gefühl, insbesondere beim Navigieren auf der Benutzeroberfläche oder beim Spielen von Spielen mit hoher Bildrate. Die Verwendung einer niedrigeren Bildwiederholfrequenz, wenn keine hohe Leistung erforderlich ist, trägt jedoch dazu bei, die Akkulaufzeit zu verlängern.

Für Benutzer, denen die Akkulaufzeit wichtiger ist als die Leistung, können Sie manuell eine niedrigere Bildwiederholfrequenz einstellen. Die meisten Benutzer werden jedoch feststellen, dass das Belassen der adaptiven Bildwiederholfrequenz die beste Mischung aus

Laufruhe und Akkueffizienz bietet, ohne dass ständige Anpassungen erforderlich sind.

Leistungssteigerung: Tipps zur Batterie- und RAM-Verwaltung

Die Leistungsoptimierung beim Pixel 9 Pro geht über das Display hinaus und legt großen Wert auf Batteriemanagement und effiziente RAM-Nutzung. Angesichts der Leistungsfähigkeit des Geräts **Tensor G3-Prozessor**, Und **12 GB RAM**Durch die effektive Verwaltung dieser Ressourcen wird sichergestellt, dass Ihr Pixel 9 Pro den ganzen Tag über die beste Leistung erbringt.

Hier sind einige wichtige Tipps, um die Leistung Ihres Pixel 9 Pro zu steigern:

1. **Batteriesparmodus und extremer Batteriesparmodus**:
    - **Batteriesparmodus**: Wenn Ihr Akku fast leer ist, **Batteriesparmodus** trägt zur Erweiterung der Nutzung bei,

indem Hintergrundaktivitäten eingeschränkt, die Helligkeit verringert und einige Funktionen wie Ortungsdienste und Animationen deaktiviert werden. Sie können dies manuell aktivieren oder festlegen, dass es bei einem bestimmten Prozentsatz aktiviert wird, indem Sie auf gehen **Einstellungen > Akku > Akkusparmodus**.

- **Extremer Batteriesparmodus**: Für längere Zeiträume ohne Zugang zu einem Ladegerät, **Extremer Batteriesparmodus** schränkt die meisten Apps und Dienste ein und lässt nur wesentliche Funktionen zu. Dies ist nützlich, wenn Sie die Akkulaufzeit maximieren müssen.

2. **Optimierung der App-Nutzung**: Android 14 bietet eine intelligente Hintergrundverwaltung, die hilft, Akku und RAM zu schonen, indem sie verhindert, dass Apps unnötig im

Hintergrund ausgeführt werden. Um dies weiter zu verbessern, gehen Sie zu **Einstellungen > Apps & Benachrichtigungen > App-Info** und beschränken oder erzwingen Sie das Stoppen von Apps, die Sie selten verwenden. Sie können auch aktivieren **Batterieoptimierung** für einzelne Apps, um sicherzustellen, dass sie im Hintergrund nicht übermäßig Ressourcen verbrauchen.

3. **RAM-Verwaltung**: Mit **12 GB RAM**, ist das Pixel 9 Pro in der Lage, schweres Multitasking zu bewältigen. Allerdings kann die Verwaltung der RAM-Nutzung durch Apps die Leistung dennoch verbessern. Sie können gehen **Einstellungen > System > Entwickleroptionen** (falls aktiviert) und anzeigen **Laufende Dienstleistungen** um zu sehen, welche Apps RAM verwenden. Durch das erzwungene Stoppen von Apps, die Sie gerade nicht benötigen, können Sie

Speicherplatz für andere Aufgaben freigeben.

4. **Adaptive Batterie**: **Adaptive Batterie** ist eine intelligente Funktion in Android 14, die Ihre Nutzungsgewohnheiten im Laufe der Zeit lernt und den Akkustrom für die Apps und Dienste priorisiert, die Sie am häufigsten nutzen. Außerdem wird der Akkuverbrauch für Apps begrenzt, die Sie selten öffnen. Sie können dies in aktivieren **Einstellungen > Akku > Adaptiver Akku**.

5. **Zwischengespeicherte Daten löschen**: Im Laufe der Zeit sammeln Apps zwischengespeicherte Daten an, die Speicherplatz beanspruchen und die Leistung beeinträchtigen können. Das regelmäßige Löschen zwischengespeicherter Daten kann dazu beitragen, die App-Leistung zu verbessern, ohne dass dies Auswirkungen auf persönliche Daten hat. Gehen Sie dazu zu **Einstellungen > Speicher > Zwischengespeicherte Daten**.

Spielemodus und Hochleistungseinstellungen für Gamer

Für Gamer bietet das Pixel 9 Pro **Spielmodus** und andere Hochleistungseinstellungen, mit denen Sie Ihr Gerät für ein flüssigeres Spielerlebnis optimieren können.

1. **Spielmodus**: Spielemodus, zu finden unter **Einstellungen > Digital Wellbeing > Spiel-Dashboard**, verbessert Ihr Spielerlebnis durch Leistungsoptimierungen und nützliche Tools. Nach der Aktivierung haben Sie Zugriff auf:
    - **Bitte nicht stören**: Schaltet Benachrichtigungen während des Spiels automatisch stumm, sodass Sie nicht durch Anrufe, Textnachrichten oder Benachrichtigungen unterbrochen werden.

- **Bildschirmaufzeichnung**: Sie können Ihr Gameplay direkt über das Spielemodus-Dashboard aufzeichnen.
- **FPS-Zähler**: Im Spielemodus können Sie die Bildrate Ihrer Spiele in Echtzeit überwachen und so einen Einblick in die Leistung des Spiels erhalten.

2. **Hochleistungsmodus**: Während der Spielemodus Ihr Gerät für Spiele optimiert, ist der des Pixel 9 Pro **Hochleistungsmodus** ermöglicht es Ihnen, das Gerät beim Spielen grafisch anspruchsvoller Spiele an seine Grenzen zu bringen. Diese Einstellung erhöht die CPU- und GPU-Leistung, was zu gleichmäßigeren Bildraten und geringeren Verzögerungen führen kann. Allerdings wird dadurch mehr Akkuleistung verbraucht und mehr Wärme erzeugt, sodass es sich ideal für kürzere Gaming-Sessions eignet, wenn Sie die höchstmögliche Leistung wünschen.

3. **Grafikeinstellungen in Spielen**: Viele moderne Spiele bieten eigene interne Einstellungen zur Anpassung der Grafikqualität. Auf dem Pixel 9 Pro ist es oft am besten, die Grafik des Spiels auf einzustellen **hoch** oder **Ultra**, da der leistungsstarke Tensor G3-Chip des Geräts intensive grafische Arbeitslasten bewältigen kann. Sie können auch aktivieren **V-Sync** innerhalb bestimmter Spiele, um Bildschirmrisse zu reduzieren und so ein flüssigeres Gameplay zu gewährleisten.
4. **Verwalten der Spielleistung**: Damit Ihre Gaming-Sessions reibungslos laufen, ist es wichtig, beides zu verwalten **Hitze** Und **Batterieverbrauch**. Verwendung des Pixel 9 Pro **Batteriesparmodus** kann die Leistung drosseln, daher ist es am besten, diese Funktion während des Spielens auszuschalten. Erwägen Sie außerdem die Verwendung von a **Telefonkühler** oder machen Sie bei längeren Sitzungen kurze

Benutzerbibel des Google Pixel 9 Pro

Pausen, um eine Überhitzung zu vermeiden.

Benutzerbibel des Google Pixel 9 Pro

Kamerabeherrschung: Fotos und Videos auf professionellem Niveau mit dem Google Pixel 9 Pro aufnehmen

Der **Google Pixel 9 Pro** ist bekannt für sein hochmodernes Kamerasystem, das professionelle Fotografie und Videografie in

Ihrer Handfläche liefert. Unabhängig davon, ob Sie ein erfahrener Fotograf oder ein Anfänger sind, der seine Fähigkeiten verbessern möchte, ist es für die Aufnahme atemberaubender Bilder und Videos unerlässlich, zu verstehen, wie Sie die leistungsstarken Kamerafunktionen des Pixel 9 Pro nutzen. In diesem Kapitel werden Sie durch die Funktionsweise des Geräts geführt **Dreilinsensystem**, es ist **erweiterte Fotofunktionen**, Tipps zum Aufnehmen hochwertiger Videos in **4K und 8K**und wie Sie Ihre Inhalte mit bearbeiten **Google Fotos** und integrierte Tools.

Das Dreifachlinsensystem verstehen: Hauptobjektiv, Ultraweitwinkelobjektiv und Teleobjektiv

Das Pixel 9 Pro ist mit einem ausgestattet **Dreifachobjektiv-Kamerasystem**Entwickelt, um Vielseitigkeit und Präzision für eine Vielzahl fotografischer Szenarien zu bieten. Die Kombination der **Hauptobjektiv**,

Ultraweitwinkelobjektiv, Und **Teleobjektiv** gibt Benutzern die Flexibilität, alles einzufangen, von ausgedehnten Landschaften bis hin zu komplexen Details in weit entfernten Motiven.

1. **Hauptobjektiv (50 MP)**: Der **Hauptobjektiv** ist Ihre erste Wahl für die alltägliche Fotografie. Es verfügt über eine große **50-MP-Sensor**, das enorm viele Details einfängt und gleichzeitig die Lichtempfindlichkeit verbessert, insbesondere bei schlechten Lichtverhältnissen. Der größere Sensor ermöglicht, dass mehr Licht den Sensor erreicht, was in Kombination mit **optische Bildstabilisierung (OIS)**, liefert auch in anspruchsvollen Umgebungen klare, scharfe Bilder. In den meisten Situationen sollte das Hauptobjektiv Ihre Standardwahl sein, da es sich durch eine natürliche Perspektive und eine hochwertige Bildausgabe auszeichnet.

2. **Ultraweitwinkelobjektiv (12 MP)**: Der **12 MP Ultraweitwinkelobjektiv** bietet a **120-Grad-Sichtfeld**, perfekt für die Aufnahme weitläufiger Landschaften, Gruppenfotos oder jeder Szene, bei der Sie mehr in einer einzigen Aufnahme einfangen möchten. Ultraweitwinkelobjektive eignen sich auch hervorragend für kreative Kompositionen, da sie ein Gefühl von Größe und Tiefe vermitteln, das mit schmaleren Brennweiten nicht erreicht werden kann. Achten Sie jedoch auf Verzerrungen an den Rändern des Rahmens, die bei Ultraweitwinkelobjektiven häufig vorkommen. Das Pixel 9 Pro leistet hier zwar hervorragende Arbeit bei der automatischen Korrektur, dennoch kann es je nach Motiv zu leichten Verzerrungen kommen.
3. **Teleobjektiv (48 MP)**: Der **48-MP-Teleobjektiv** ist für die Fotografie über große Entfernungen konzipiert und

ermöglicht das Heranzoomen ohne Einbußen bei der Bildqualität. Mit **5-fach optischer Zoom** Und **Super-Resolution-Zoom** Technologie können Sie bis zu erreichen **30-facher Hybridzoom**, ideal für die Aufnahme weit entfernter Motive wie Wildtiere, Sportveranstaltungen oder architektonische Details. Teleobjektive neigen bei höheren Zoomstufen normalerweise zu Kameraverwacklungen, beim Pixel 9 Pro jedoch **OIS** stabilisiert die Aufnahme und sorgt so für scharfe Ergebnisse, selbst bei voller Vergrößerung.

Jedes dieser Objektive spielt in verschiedenen fotografischen Szenarien eine entscheidende Rolle. Wenn Sie wissen, wann Sie zwischen ihnen wechseln müssen, können Sie die Qualität Ihrer Aufnahmen erheblich steigern. Verwenden Sie zum Beispiel die **Hauptobjektiv** für die allgemeine Fotografie die **Ultraweitwinkelobjektiv** für weite, weitreichende Szenen und die **Teleobjektiv** zum Heranzoomen entfernter Motive unter Beibehaltung feiner Details.

Erweiterte Fotofunktionen: Nachtsicht, Porträtmodus und Super-Resolution-Zoom

Neben der beeindruckenden Hardware zeichnet sich die Kamera des Pixel 9 Pro durch die fortschrittlichen Computerfotografiefunktionen von Google aus. Diese intelligenten Tools verbessern die Qualität Ihrer Fotos, indem sie KI und maschinelle Lernalgorithmen nutzen, um Einstellungen zu optimieren und Ergebnisse zu verbessern.

1. **Nachtsicht**: Eines der herausragenden Features des Pixel 9 Pro ist **Nachtsicht**, mit dem Sie auch in Umgebungen mit wenig Licht helle, detaillierte Fotos aufnehmen können. Night Sight nutzt fortschrittliche Computerfotografie, um mehrere Belichtungen zu kombinieren und Details hervorzuheben, die normalerweise

in der Dunkelheit verloren gehen. Um diese Funktion zu nutzen, wechseln Sie einfach zu **Nachtsicht** in der Kamera-App und das Gerät passt die Einstellungen automatisch an die Lichtverhältnisse an. Sie können auch verwenden **Astrofotografie-Modus**, eine Erweiterung von Night Sight, mit der Sie atemberaubende Fotos des Nachthimmels aufnehmen können, indem Sie das Telefon auf einem Stativ oder einer stabilen Oberfläche lassen.

Tipp: Um optimale Ergebnisse zu erzielen, halten Sie das Telefon während der Verwendung der Nachtsichtfunktion so ruhig wie möglich, da es mehrere Sekunden dauern kann, bis die Kamera genügend Licht für ein klares Bild gesammelt hat.

2. **Porträtmode**: **Porträtmode** ermöglicht Ihnen die Aufnahme atemberaubender Porträts mit einem wunderschön unscharfen Hintergrund und ahmt den geringen Tiefenschärfeeffekt nach, der

normalerweise mit professionellen DSLR-Kameras erzielt wird. Das Pixel 9 Pro verwendet eine Kombination davon **Hauptobjektiv** und KI, um das Motiv zu erkennen und vom Hintergrund zu trennen und einen Bokeh-Effekt anzuwenden, der Ihr Motiv hervorhebt. Der Porträtmodus funktioniert am besten, wenn das Motiv gut beleuchtet und scharf ist, und kann sowohl mit der Rück- als auch mit der Frontkamera verwendet werden.

Tipp: Stellen Sie sicher, dass Ihr Motiv etwa zwei bis drei Fuß von der Kamera entfernt ist, um eine optimale Hintergrundunschärfe zu erzielen. Sie können die Unschärfeintensität auch nach der Aufnahme mit anpassen **Google Fotos**.

3. **Super-Resolution-Zoom**: Während die Pixel 9 Pro's **optischer Zoom** bietet hervorragende Klarheit bis zu 5x, **Super-Resolution-Zoom** nutzt fortschrittliche Algorithmen, um noch weiter digital zu zoomen – bis zu **30x**–

ohne wesentliche Details zu verlieren. Dies ist besonders nützlich beim Fotografieren weit entfernter Motive wie Wildtiere oder Sportveranstaltungen, bei denen eine räumliche Nähe nicht möglich ist. Der KI-verstärkte Zoom minimiert den typischen Qualitätsverlust, der beim Digitalzoom auftritt, sodass Sie auch bei hohen Zoomstufen gestochen scharfe Bilder erhalten.

4K- und 8K-Videos aufnehmen: Tipps für die perfekte Aufnahme

Das Pixel 9 Pro bietet in beiden Fällen die Möglichkeit, Videos aufzunehmen **4K** Und **8K**So können Sie unglaublich detaillierte Aufnahmen machen. Egal, ob Sie einen ungezwungenen Moment oder eine Filmszene aufnehmen, die folgenden Tipps helfen Ihnen dabei, die Videofunktionen des Pixel 9 Pro optimal zu nutzen.

1. **Die richtige Auflösung wählen**:

- **4K bei 60fps**: Ideal für die meisten Situationen, 4K bietet ein Gleichgewicht zwischen hoher Auflösung und überschaubaren Dateigrößen. Aufnahme um **60 Bilder pro Sekunde (fps)** sorgt für flüssigere Bewegungen und eignet sich daher perfekt für sich schnell bewegende Motive wie Sport- oder Actionaufnahmen.
- **8K bei 30fps**: Für den absolut höchsten Detaillierungsgrad, **8K** ist erhältlich unter **30fps**. Obwohl 8K-Videos eine unglaubliche Klarheit bieten, eignen sie sich am besten für professionelle Projekte, da die Dateigrößen viel größer sind und viele Verbrauchergeräte noch nicht für die Anzeige von 8K-Inhalten optimiert sind.

2. **Stabilisierung**: Die Funktionen des Pixel 9 Pro **Elektronische Bildstabilisierung (EIS)** Und **Optische Bildstabilisierung (OIS)**, die Verwacklungen reduzieren und

selbst bei Handheld-Aufnahmen ein flüssiges Video erzeugen. Dies ist besonders hilfreich, wenn Sie während des Filmens gehen oder sich bewegen. Für noch stabilere Ergebnisse sollten Sie die Verwendung eines Stativs oder eines Gimbals in Betracht ziehen.
3. **Audioeinstellungen**: Während das Pixel 9 Pro sich durch die Aufnahme hochwertiger Videos auszeichnet, sollten Sie die Bedeutung von Audio nicht außer Acht lassen. Das Telefon verfügt über mehrere Mikrofone für **Stereoaufnahme**, das immersiven Klang einfängt. Sie können die Audioqualität verbessern, indem Sie externe Mikrofone verwenden, insbesondere bei Interviews oder Vlogs, bei denen es auf einen klaren Ton ankommt.
4. **Beleuchtung und Fokus**: Stellen Sie sicher, dass Ihr Motiv gut beleuchtet ist, da sich die Videoqualität bei schlechten Lichtverhältnissen verschlechtern kann. Die Pixel 9 Pro's **HDR10+** Die

Unterstützung hilft bei der Aufnahme von Szenen mit schwierigen Lichtverhältnissen, aber je mehr natürliches Licht Sie haben, desto besser ist das Ergebnis. Verwenden **Tippen Sie zum Fokussieren** Damit Ihr Motiv während der gesamten Aufnahme scharf bleibt, sollten Sie die Aktivierung in Betracht ziehen **Auto HDR** für verbesserten Kontrast und Farbgenauigkeit.

Bearbeiten von Fotos und Videos: Verwenden von Google Fotos und integrierten Tools

Nachdem Sie Ihre Fotos und Videos aufgenommen haben, erleichtert Ihnen das Pixel 9 Pro die Feinabstimmung und Verbesserung Ihrer Inhalte mit einer Reihe integrierter Bearbeitungstools **Google Fotos**.

1. **Fotobearbeitung**: **Google Fotos** bietet eine Reihe von Bearbeitungswerkzeugen, mit denen Sie Ihre Bilder mit nur wenigen

Fingertipps verbessern können. Hier sind einige wichtige Funktionen, die Sie nutzen können:

- **Auto Enhance**: Google Fotos passt Helligkeit, Kontrast und Farbe automatisch an, um Ihrem Bild ein ausgewogenes Aussehen zu verleihen. Sie können diese Vorschläge entweder akzeptieren oder die Einstellungen manuell verfeinern.
- **Porträtlicht**: Eine herausragende Funktion für Aufnahmen im Porträtmodus. **Porträtlicht** ermöglicht es Ihnen, die Beleuchtung Ihres Motivs nach der Aufnahme des Fotos anzupassen. Diese Funktion simuliert mithilfe von KI eine Studiobeleuchtung und hilft dabei, das Gesicht Ihres Motivs aufzuhellen oder Schatten anzupassen, um ein schmeichelhafteres Ergebnis zu erzielen.

- **Farbpop**: Diese Funktion entsättigt den Hintergrund, während Ihr Motiv in voller Farbe bleibt, wodurch ein auffälliger Kontrast zwischen beiden entsteht.
- **Zuschneiden und drehen**: Mit einfachen Werkzeugen wie Zuschneiden und Drehen können Sie die Komposition Ihres Fotos anpassen und so sicherstellen, dass es perfekt gerahmt ist.

2. **Videobearbeitung**: Mit dem integrierten Videoeditor des Pixel 9 Pro können Sie Clips direkt auf Ihrem Gerät zuschneiden, schneiden und anpassen. Hier einige Tipps zur Videobearbeitung:
    - **Trimmen**: Entfernen Sie unerwünschte Abschnitte vom Anfang oder Ende Ihrer Videos, um sie prägnant und fokussiert zu halten.
    - **Stabilisieren**: Wenn Ihr Video verwackelt ist, verwenden Sie die integrierte Funktion **Stabilisieren**

Funktion in Google Fotos, um das Filmmaterial zu glätten.
- **Filter und Anpassungen**: Wenden Sie Filter an oder passen Sie Helligkeit, Kontrast und Sättigung manuell an, um das Aussehen Ihres Videos zu verbessern. Für eine erweiterte Bearbeitung können Sie Ihr Filmmaterial in eine spezielle Videobearbeitungs-App exportieren.

3. **Exportieren und teilen**: Sobald Sie mit Ihren Änderungen zufrieden sind, **Google Fotos** ermöglicht es Ihnen, Ihre Inhalte einfach plattformübergreifend zu teilen. Ganz gleich, ob es sich um das Hochladen in soziale Medien, das Versenden an Freunde oder das Sichern in der Cloud handelt, der Vorgang verläuft schnell und reibungslos.

Google Assistant und Smart Features auf dem Google Pixel 9 Pro

Der **Google Pixel 9 Pro** zeichnet sich nicht nur durch seine Hardware aus, sondern auch durch die nahtlose Integration mit **Google Assistant** und eine Reihe intelligenter, KI-gesteuerter Funktionen. Diese intelligenten Tools helfen Ihnen, Aufgaben effizienter zu erledigen, freihändig mit Ihrem Gerät zu interagieren und Ihre häusliche Umgebung zu automatisieren und Ihr Smartphone in einen leistungsstarken digitalen Assistenten zu verwandeln.

Einrichten und Personalisieren von Google Assistant

Eine der herausragenden Funktionen des Google Pixel 9 Pro ist **Google Assistant**, ein äußerst intuitiver virtueller Assistent, der mithilfe von Sprachbefehlen eine Vielzahl von Aufgaben ausführen kann. Um Google Assistant optimal nutzen zu können, müssen Sie ihn zunächst einrichten und entsprechend Ihren Vorlieben personalisieren.

1. **Google Assistant einrichten**: Der Ersteinrichtungsprozess für Google Assistant ist unkompliziert:
    - Öffnen Sie die **Google-App** auf Ihrem Pixel 9 Pro und tippen Sie oben rechts auf Ihr Profilbild.
    - Navigieren Sie zu **Einstellungen**, und tippen Sie dann auf **Google Assistant**.
    - Tippen Sie auf **Voice-Match** Damit Google Assistant Ihre Stimme erkennen kann. Sie werden

mehrmals aufgefordert, „Hey Google" oder „OK Google" zu sagen, damit der Assistent Ihr Sprachmuster lernen kann.
2. Nach der Aktivierung kann Google Assistant je nach Ihren Einstellungen jederzeit auf Ihre Sprachbefehle reagieren, auch wenn das Telefon gesperrt ist.
3. **Personalisieren von Google Assistant**: Nach der Einrichtung können Sie anpassen, wie Google Assistant mit Ihnen interagiert. Dazu gehört auch die Auswahl eines bevorzugten **Stimme** (Google bietet mehrere Stimmen zur Auswahl) sowie die Einrichtung von Routinen und Präferenzen.
    - **Google Assistant-Routinen**: Sie können benutzerdefinierte Routinen erstellen, bei denen ein Sprachbefehl mehrere Aktionen auslöst. Wenn Sie beispielsweise „Guten Morgen" sagen, können Sie Ihren Wecker ausschalten, Ihnen die Wettervorhersage vorlesen, Sie über

Ihre Kalenderereignisse informieren und sogar Ihre Lieblings-Morgen-Playlist abspielen.
  - **Benutzerdefinierte Befehle**: Richten Sie personalisierte Befehle basierend auf Ihrem Lebensstil ein. Wenn Sie beispielsweise „Ich bin zu Hause" sagen, kann Google Assistant Ihre Smart-Home-Geräte einschalten, Ihre Nachrichten lesen und Erinnerungen für anstehende Aufgaben einrichten.
4. **Datenschutz und Berechtigungen**: Google bietet Kontrolle über die von Assistant verwendeten Daten. Sie können die Art der Informationen, auf die Assistant Zugriff hat, einschränken, indem Sie auf gehen **Einstellungen > Google > Verwalten Sie Ihr Google-Konto > Daten & Personalisierung**. Hier können Sie die Datenschutzeinstellungen anpassen, die von Google Assistant

erfassten Datentypen überprüfen und bei Bedarf den Verlauf löschen.

Sprachbefehle und Spracheingabe

Sprachbefehle sind für die Funktionalität von Google Assistant von zentraler Bedeutung. Sie ermöglichen es Ihnen, verschiedene Aspekte Ihres Geräts zu steuern und Aufgaben auszuführen, ohne den Bildschirm berühren zu müssen. Zusätzlich, **Spracheingabe** ermöglicht Ihnen das Schreiben von Nachrichten, E-Mails oder Dokumenten durch Sprechen und bietet so eine schnellere und bequemere Möglichkeit, Text einzugeben.

1. **Sprachbefehle**: Sie können Sprachbefehle für fast alles auf Ihrem Pixel 9 Pro verwenden, von der Verwaltung von Einstellungen und dem Senden von Texten bis hin zur Suche im Internet und der Steuerung von Smart-Geräten. Hier sind einige gängige Sprachbefehle, die Sie erkunden sollten:
    - **Grundlegende Befehle**:

- „Hey Google, wie ist das Wetter heute?"
- „Hey Google, stelle einen Timer auf 10 Minuten."
- „Hey Google, rufe [Name des Kontakts] an."
- **App-Management**:
  - „Hey Google, öffne YouTube."
  - „Hey Google, spiel [Lied oder Künstler] auf Spotify."
- **Navigation**:
  - „Hey Google, navigieren Sie zu [Ort oder Adresse]."
  - „Hey Google, wie weit ist es bis zum [Ziel]?"
- **Erinnerungen und Alarme**:
  - „Hey Google, erinnere mich daran, um 17:00 Uhr Lebensmittel abzuholen."
  - „Hey Google, stelle einen Wecker auf 7 Uhr."

2. Diese Befehle vereinfachen Ihre Interaktion mit dem Gerät und

ermöglichen Ihnen, Aufgaben schneller und ohne durch Menüs navigieren zu müssen.
3. **Spracheingabe**: Die fortschrittliche Spracherkennungssoftware des Pixel 9 Pro macht **Spracheingabe** äußerst genau und praktisch. Mit dieser Funktion können Sie Nachrichten und E-Mails schreiben oder sogar Notizen machen, ohne Ihr Gerät zu berühren.
    - Zum Aktivieren **Spracheingabe**, öffnen Sie eine beliebige App mit einem Textfeld (z. B. Nachrichten oder Gmail) und tippen Sie auf **Mikrofonsymbol** auf der Bildschirmtastatur.
    - Sprechen Sie natürlich und Ihre Wörter werden in Echtzeit transkribiert. Sie können sogar die Zeichensetzung diktieren, indem Sie Dinge wie „Punkt", „Komma" oder „Fragezeichen" sagen.
4. Google Assistants **KI-gestützte Spracheingabe** lernt im Laufe der Zeit

auch von Ihrer Stimme und verbessert ihre Genauigkeit bei fortgesetzter Nutzung. Diese Funktion ist besonders hilfreich beim freihändigen SMS-Schreiben oder beim Multitasking.

Google Lens: Verwendung von KI zur Bilderkennung

Google Lens ist eine weitere bemerkenswerte Funktion, die in das Pixel 9 Pro integriert ist und KI nutzt, um den Inhalt von Bildern zu analysieren und zu erkennen. Es kann Informationen bereitstellen, Texte übersetzen, Objekte identifizieren und mehr – alles über die Kamera oder Fotos auf Ihrem Gerät.

1. **Was kann Google Lens?**: Google Lens bietet eine Vielzahl von Funktionalitäten, die es Ihnen ermöglichen, visuell mit der Welt zu interagieren. Hier sind einige praktische Möglichkeiten, Google Lens zu verwenden:
    - **Texterkennung**: Richten Sie Ihre Kamera auf Text und Lens erkennt

ihn. Anschließend können Sie den Text kopieren, übersetzen oder nach weiteren Informationen suchen. Dies ist besonders nützlich, um Text aus Schildern, Dokumenten oder Büchern zu kopieren.

- **Objektidentifizierung**: Das Objektiv kann Objekte, Tiere, Pflanzen und Produkte identifizieren. Wenn Sie beispielsweise eine Pflanze sehen und ihre Art kennenlernen möchten, können Sie sie mithilfe von Google Lens in Echtzeit identifizieren.
- **Einkaufen und Barcode-Scannen**: Google Lens kann Barcodes oder Produktbilder scannen, um Preisinformationen und Bewertungen bereitzustellen und so den Vergleich von Produkten beim Einkaufen zu erleichtern.
- **Identifizierung von Wahrzeichen**: Wenn Sie unterwegs sind, richten Sie Google Lens auf ein Gebäude

oder eine Sehenswürdigkeit und es werden Ihnen historische Informationen, Öffnungszeiten und andere relevante Details angezeigt.
2. **So verwenden Sie Google Lens**: Die Verwendung von Google Lens ist einfach und intuitiv:
    - Öffnen Sie die **Google Kamera-App** und tippen Sie auf **Linsensymbol** in der unteren rechten Ecke.
    - Alternativ können Sie auf Lens zugreifen, indem Sie die Taste gedrückt halten **Home-Taste** und sagen Sie „Hey Google, öffne Lens" oder tippen Sie darauf **Google Lens** aus Google Fotos heraus, um bereits aufgenommene Bilder zu analysieren.
3. Ganz gleich, ob Sie damit Text übersetzen, Produkte erkunden oder Informationen zu Orten in Ihrer Umgebung sammeln möchten – Google Lens verleiht Ihrem Erlebnis mit dem

Pixel 9 Pro eine zusätzliche Ebene der Interaktivität.

Smart Home-Integration mit Pixel 9 Pro

Das Google Pixel 9 Pro ist ein leistungsstarker Hub zur Steuerung Ihres **Smart Home**. Mit nahtloser Integration mit **Google Home** und anderen kompatiblen Smart-Geräten können Sie alles, von der Beleuchtung bis hin zu Sicherheitskameras, nur mit Ihrem Telefon oder Ihrer Stimme verwalten.

1. **Google Home einrichten**: Um zu beginnen, benötigen Sie die **Google Home-App**, kostenlos im Google Play Store erhältlich. Führen Sie nach dem Herunterladen die folgenden Schritte aus, um Ihre Smart-Home-Geräte einzurichten:
    - Öffnen Sie die **Google Home-App** und tippen Sie auf **Hinzufügen** um mit dem Koppeln Ihrer Smart-Geräte zu beginnen.

- Befolgen Sie die Anweisungen für jedes Gerät, z. B. intelligente Lichter, Thermostate oder Überwachungskameras, um es mit der App zu verbinden.
- Sobald die Verbindung hergestellt ist, können Sie diese Geräte direkt von Ihrem Pixel 9 Pro aus steuern, indem Sie entweder die App oder die Sprachbefehle von Google Assistant verwenden.

2. **Intelligente Geräte steuern**: Wenn Ihre Smart-Geräte verbunden sind, wird die Verwaltung Ihres Zuhauses viel einfacher. Zu den gängigen Smart-Home-Aktionen gehören:
    - **Beleuchtung**: „Hey Google, schalte das Licht im Wohnzimmer aus."
    - **Thermostat**: „Hey Google, stelle den Thermostat auf 72 Grad."
    - **Überwachungskameras**: „Hey Google, zeig mir die Kamera der Haustür."

- **Intelligente Stecker und Geräte**: „Hey Google, schalte die Kaffeemaschine ein."
3. Das Pixel 9 Pro fungiert als Fernbedienung für Ihr Smart Home und mit Google Assistant können Sie alles freihändig bedienen. Für noch mehr Effizienz können Sie verwenden **Routinen** um mehrere Aktionen mit einem einzigen Befehl zu automatisieren. Wenn Sie beispielsweise „Gute Nacht" sagen, kann das System dazu führen, dass das Licht ausgeschaltet, der Thermostat abgesenkt und die Türen verriegelt werden.
4. **Einrichten von Heimroutinen**: Das Erstellen von Hausautomationsroutinen ist eine der leistungsstärksten Funktionen der Smart-Home-Integration des Pixel 9 Pro. So richten Sie eines ein:
    - Öffnen Sie die **Google Home-App** und geh zum **Routinen** Abschnitt.
    - Klopfen **Neu** um eine benutzerdefinierte Routine zu

erstellen, z **Morgenroutine**, das Aufgaben wie das Einschalten des Lichts, das Einstellen des Thermostats und das Abspielen Ihrer Pressekonferenz automatisiert.
    - Sie können diese Routinen auch mit Sprachbefehlen verknüpfen, sodass das Sagen von „Guten Morgen" automatisch die voreingestellte Routine auslöst.
5. **Intelligente Benachrichtigungen**: Das Pixel 9 Pro hält Sie außerdem mit Echtzeitbenachrichtigungen über den Status Ihres Smart Homes auf dem Laufenden. Zum Beispiel, wenn jemand bei Ihnen anruft **Nest-Türklingel**, erhalten Sie eine Benachrichtigung auf Ihrem Telefon zusammen mit einem Live-Video-Feed. Sie können über die App antworten und sind so beruhigt, auch wenn Sie nicht zu Hause sind.

Benutzerbibel des Google Pixel 9 Pro

Sicherheits- und Datenschutzeinstellungen auf dem Google Pixel 9 Pro

Der **Google Pixel 9 Pro** ist mit einem starken Fokus auf gebaut **Sicherheit** Und **Privatsphäre**Es bietet robuste Optionen zum Schutz Ihrer persönlichen Daten und stellt gleichzeitig sicher, dass das Gerät einfach und bequem zu verwenden ist. Von der biometrischen Authentifizierung bis hin zu erweiterten Verschlüsselungs- und Sicherungsoptionen bietet Google verschiedene Tools, mit denen Nutzer ihre Geräte vor unbefugtem Zugriff schützen und vertrauliche Informationen schützen können.

Gesichtserkennung und Fingerabdrucksicherheit

Die biometrische Authentifizierung auf dem Google Pixel 9 Pro bietet eine äußerst sichere und bequeme Möglichkeit, Ihr Telefon zu entsperren und verschiedene Aktionen zu authentifizieren. Das Pixel 9 Pro bietet zwei wesentliche biometrische Methoden: **Gesichtserkennung** Und **Fingerabdrucksicherheit**.

1. **Gesichtserkennung**: Der **Gesichtserkennung** Die Funktion des Pixel 9 Pro nutzt die nach vorne gerichtete Kamera, um Ihr Gesicht abzubilden und zu erkennen. Diese Methode ist sowohl sicher als auch schnell und ermöglicht es Ihnen, Ihr Telefon durch einen bloßen Blick darauf zu entsperren.
    - **Gesichtserkennung einrichten**:

- Gehe zu **Einstellungen** > **Sicherheit** > **Face Unlock**.
- Befolgen Sie die Anweisungen auf dem Bildschirm, um Ihr Gesicht zu registrieren. Bei diesem Vorgang wird in der Regel aus verschiedenen Winkeln in die Frontkamera geblickt, damit das Telefon Ihr Gesicht korrekt abbilden kann.
- Nach der Einrichtung können Sie mithilfe der Gesichtserkennung Ihr Telefon entsperren, Zahlungen genehmigen und Apps authentifizieren, die biometrische Sicherheit unterstützen.

  o **Verbesserung der Genauigkeit**:
  - Die Gesichtserkennung des Pixel 9 Pro funktioniert bei verschiedenen Lichtverhältnissen. Stellen

Sie jedoch sicher, dass Ihr Gesicht bei der Ersteinrichtung gut beleuchtet ist, um die Genauigkeit zu verbessern.
- Wenn Sie eine Brille tragen oder Ihr Aussehen häufig ändern, kann das Telefon kontinuierlich lernen und sich an diese Veränderungen anpassen, um eine konsistente Erkennung zu gewährleisten.

2. **Fingerabdrucksicherheit**: Zusätzlich zur Gesichtserkennung ist die **Fingerabdruckscanner im Display** bietet eine weitere sichere und zuverlässige biometrische Option. Diese Funktion nutzt einen in den Bildschirm eingebetteten optischen Sensor und fügt sich somit nahtlos in das Design des Telefons ein.
    - **Einrichten der Fingerabdrucksicherheit**:

- Gehe zu **Einstellungen > Sicherheit > Entsperren per Fingerabdruck**.
- Befolgen Sie die Anweisungen zum Scannen Ihres Fingerabdrucks, indem Sie Ihren Finger auf den dafür vorgesehenen Bereich des Bildschirms legen. Sie werden aufgefordert, Ihren Finger mehrmals anzuheben und zu platzieren, um verschiedene Teile Ihres Fingerabdrucks zu erfassen.
- Nach der Registrierung können Sie mit Ihrem Fingerabdruck Ihr Telefon entsperren, Apps authentifizieren und Zahlungen genehmigen.
  - **Verwendung mehrerer Fingerabdrücke**:
    - Sie können mehrere Fingerabdrücke registrieren,

um sicherzustellen, dass Sie beim Entsperren Ihres Telefons flexibel sind. Wenn Sie beispielsweise beide Daumen registrieren, können Sie Ihr Gerät bequemer entsperren.
3. Sowohl die Gesichtserkennung als auch die Fingerabdrucksicherheit können zusammen verwendet werden, sodass Sie mehrere Möglichkeiten haben, Ihr Gerät schnell zu sichern und zu entsperren.

Einrichten der Zwei-Faktor-Authentifizierung (2FA)

Für zusätzliche Sicherheit über die biometrische Authentifizierung hinaus, einrichten **Zwei-Faktor-Authentifizierung (2FA)** ist sehr zu empfehlen. 2FA bietet eine zusätzliche Sicherheitsebene, indem Sie Ihre Identität zusätzlich zu Ihrem üblichen Passwort durch eine zweite Methode verifizieren müssen, beispielsweise durch ein Einmalpasswort (OTP), das an Ihr Telefon gesendet wird.

1. **Einrichten eines Google-Kontos 2FA**: Da Ihr Google-Konto die primäre Möglichkeit ist, mit dem Pixel 9 Pro und seinen Diensten zu interagieren, ist die Sicherung mit 2FA von entscheidender Bedeutung.
    - Öffnen Sie Ihr Google-Konto, indem Sie auf gehen **Einstellungen** > **Google** > **Verwalten Sie Ihr Google-Konto**.
    - Klopfen **Sicherheit**, und scrollen Sie dann zu **Bestätigung in zwei Schritten** Abschnitt.
    - Klopfen **Legen Sie los** und folgen Sie den Anweisungen. Sie werden aufgefordert, sich bei Ihrem Konto anzumelden und Ihre zweite Authentifizierungsmethode auszuwählen, z. B. eine Telefonnummer zum Empfang von

OTPs oder einen physischen Sicherheitsschlüssel.
- Sobald 2FA eingerichtet ist, benötigen Sie sowohl Ihr Passwort als auch die zusätzliche Verifizierungsmethode, um sich von einem neuen Gerät oder Standort aus bei Ihrem Google-Konto anzumelden.

2. **App-spezifische Zwei-Faktor-Authentifizierung**: Viele Apps, wie Banking-Apps, Social-Media-Plattformen und E-Mail-Clients, bieten auch eigene 2FA-Optionen an. Stellen Sie sicher, dass Sie 2FA für Apps aktivieren, bei denen es um sensible persönliche oder finanzielle Daten geht.
   - Gehen Sie dazu zur Sicherheits- oder Einstellungsseite der App und suchen Sie nach **Zwei-Faktor-Authentifizierung** oder **Bestätigung in zwei Schritten**.

- Sie können aus verschiedenen Verifizierungsmethoden wählen, z. B. dem Empfang eines Codes per SMS oder der Verwendung einer Authentifizierungs-App (z. B **Google Authenticator**) oder sogar die Verwendung eines Hardware-Sicherheitsschlüssels.
3. **Verwendung von Google Authenticator**: Für mehr Komfort und Sicherheit sollten Sie die Verwendung von in Betracht ziehen **Google Authenticator-App** zur Generierung von Einmalcodes. Diese Methode macht SMS-Codes überflüssig, die abgefangen werden können.

Verwalten von App-Berechtigungen für maximale Privatsphäre

Mit Ihrem Pixel 9 Pro können Sie steuern, auf welche Daten jede App Zugriff hat, und so sicherstellen, dass nur die erforderlichen Informationen weitergegeben werden. Sorgfältig verwalten **App-Berechtigungen** ist ein wesentlicher Bestandteil der Wahrung Ihrer Privatsphäre und des Schutzes Ihrer Daten vor dem unnötigen Zugriff durch Drittanbieter-Apps.

1. **App-Berechtigungen anzeigen und verwalten**:
    - Um die App-Berechtigungen zu überprüfen, gehen Sie zu **Einstellungen** > **Privatsphäre** > **Berechtigungsmanager**.
    - Hier sehen Sie eine Liste verschiedener Arten von Berechtigungen, z **Standort**, **Kamera**, **Mikrofon**, Und **Kontakte**. Tippen Sie auf eine dieser Kategorien, um zu sehen, welche Apps darauf Zugriff haben.
    - Sie können für jede App festlegen, dass der Zugriff dauerhaft und nur dann erlaubt sein soll, wenn die App verwendet wird, oder den Zugriff gänzlich verweigern. Beispielsweise benötigt eine Navigations-App möglicherweise

Ihre Standortdaten, um zu funktionieren, ein Spiel benötigt sie jedoch möglicherweise überhaupt nicht.
- **Feinabstimmung der Berechtigungen**: Mit Android 14 hat Google eine detailliertere Kontrolle über App-Berechtigungen eingeführt. Beispielsweise können Sie einer App erlauben, das zu verwenden **Kamera** oder **Mikrofon** nur einmal, oder Sie können Berechtigungen so einstellen, dass sie nach einer bestimmten Zeit der Inaktivität automatisch ablaufen.

2. **Sensible Berechtigungen zum Ansehen**:
   - **Standortdaten**: Erlauben Sie den Standortzugriff nur für Apps, die ihn wirklich benötigen, z. B. Karten oder Mitfahrdienste. Deaktivieren Sie es für Apps, für die es keinen legitimen Grund gibt, es zu verwenden.

- **Mikrofon und Kamera**: Einige Apps fordern möglicherweise unnötigerweise Zugriff auf Ihr Mikrofon oder Ihre Kamera an. Achten Sie darauf, welchen Apps Sie diese Berechtigungen erteilen, und widerrufen Sie den Zugriff, wenn Sie einen Missbrauch vermuten.
- **Kontakte und Anrufprotokolle**: Apps wie Messaging-Dienste fragen möglicherweise nach Zugriff auf Ihre Kontakte. Prüfen Sie stets, ob die App diesen Zugriff wirklich benötigt und was sie mit diesen Informationen vorhat.

3. **Hintergrundberechtigungen**: Einige Apps können auch dann auf bestimmte Daten zugreifen, wenn Sie sie nicht aktiv nutzen. Lesen Sie diese Hintergrundberechtigungen unbedingt sorgfältig durch. Android 14 ermöglicht es Ihnen **Begrenzen Sie die Hintergrundaktivität** für Apps, die zum

Schutz der Privatsphäre und zur Verbesserung der Akkulaufzeit beitragen können.

Schützen Sie Ihre Daten: Backups und Verschlüsselungsoptionen

Der Schutz Ihrer persönlichen Daten ist für den Fall, dass Ihr Telefon verloren geht, gestohlen oder beschädigt wird, von entscheidender Bedeutung. Das Pixel 9 Pro bietet mehrere Möglichkeiten, Ihre Daten zu schützen **Backups** Und **Verschlüsselung**.

1. **Sichern Sie Ihre Daten**: Regelmäßige Backups stellen sicher, dass Ihre Daten wie Kontakte, Nachrichten, App-Daten und Einstellungen sicher gespeichert und leicht wiederherstellbar sind.
    - **Google Drive-Backups**: Mit Pixel 9 Pro können Sie Ihre Daten sichern **Google Drive** automatisch. Um dies zu aktivieren, gehen Sie zu **Einstellungen > System >**

Sicherung und einschalten **Sichern Sie auf Google Drive**.
- Sie können auswählen, welche Datentypen gesichert werden sollen, z **App-Daten**, **Anrufverlauf, Kontakte, Geräteeinstellungen**, Und **Fotos und Videos**. Für Fotos und Videos verwenden **Google Fotos** ist auch eine hervorragende Möglichkeit, Ihre Medien in der Cloud zu speichern.
- **Automatische Backups**: Nach der Aktivierung sichert das Pixel 9 Pro Ihre Daten automatisch, wenn es mit WLAN verbunden und an ein Ladegerät angeschlossen ist, sodass Ihre Daten immer auf dem neuesten Stand sind.

2. **Verschlüsselungsoptionen**:
Verschlüsselung ist eine entscheidende Sicherheitsfunktion, die Ihre Daten durch Verschlüsselung vor unbefugtem Zugriff schützt. Selbst wenn jemand Zugriff auf

Ihr Telefon erhält, kann er Ihre Daten ohne den Entschlüsselungsschlüssel (in diesem Fall Ihr Passwort, Ihre PIN oder Ihre biometrischen Daten) nicht lesen.
- **Standardverschlüsselung**: Android 14 wird mitgeliefert **vollständige Geräteverschlüsselung** Standardmäßig auf dem Pixel 9 Pro aktiviert. Das bedeutet, dass alle Ihre Daten, einschließlich Apps, Nachrichten und Mediendateien, verschlüsselt auf dem Gerät gespeichert werden.
- **Verschlüsselte Backups**: Zusätzlich zur lokalen Verschlüsselung bietet Google auch an **Ende-zu-Ende-Verschlüsselung** für Ihre Cloud-Backups und stellen sicher, dass niemand auf Ihre Daten zugreifen kann, nicht einmal Google. Dies ist besonders wichtig für sensible Daten wie Nachrichten oder persönliche Dateien.

3. **Werksreset-Schutz**: Falls Ihr Gerät verloren geht oder gestohlen wird, **Werksreset-Schutz** (FRP) ist auf dem Pixel 9 Pro standardmäßig aktiviert. FRP verhindert, dass jemand Ihr Gerät ohne die Anmeldeinformationen Ihres Google-Kontos löscht und wiederverwendet, und bietet so eine zusätzliche Sicherheitsebene, um Diebstahl zu verhindern.

Konnektivitäts- und Netzwerkfunktionen des Google Pixel 9 Pro

Der **Google Pixel 9 Pro** ist darauf ausgelegt, die neuesten Konnektivitäts- und Netzwerktechnologien voll auszunutzen und sicherzustellen, dass Benutzer mit schnelleren Geschwindigkeiten, besserer Signalqualität und nahtloser Geräteintegration in Verbindung bleiben. Aus **5G** Und **Wi-Fi 6E** auf den neuesten Stand **Bluetooth 5.2** Standards bietet das Pixel 9

Pro modernste Lösungen für ein reibungsloseres Online- und Gerätekopplungserlebnis. Darüber hinaus unterstützt es **z.B** Und **Dual-SIM** Funktionen sowie **Gießen** Und **Spiegelung** Funktionen, erhöht die Vielseitigkeit des Geräts.

5G und Wi-Fi 6E: Maximierung von Geschwindigkeit und Konnektivität

Der **Pixel 9 Pro** unterstützt **5G** Und **Wi-Fi 6E**, zwei der fortschrittlichsten drahtlosen Technologien, die heute verfügbar sind. Diese Technologien bieten erhebliche Verbesserungen in Bezug auf Geschwindigkeit, Zuverlässigkeit und Effizienz, insbesondere für Benutzer, die beim Streaming, Spielen und Herunterladen großer Dateien stark auf einen schnellen Internetzugang angewiesen sind.

1. **5G-Konnektivität**: Das Pixel 9 Pro kommt mit Vollausstattung **5G** Unterstützung, die im Vergleich zu 4G LTE deutlich schnellere Geschwindigkeiten bietet. Die 5G-Technologie ist darauf ausgelegt,

Aktivitäten mit hoher Bandbreite mit minimaler Latenz zu bewältigen und sorgt für flüssigeres Video-Streaming, bessere Spielerlebnisse und schnellere Downloads.
- **Vorteile von 5G**:
  - **Schnellere Downloads**: Mit Geschwindigkeiten, die unter optimalen Bedingungen bis zu 10 Gbit/s erreichen können, geht das Herunterladen großer Apps, Filme oder hochauflösender Fotos deutlich schneller.
  - **Geringere Latenz**: Für Gamer und Videoanrufer bietet die extrem niedrige Latenz von 5G Reaktionsraten nahezu in Echtzeit und reduziert Verzögerungen.
  - **Stärkere Konnektivität in überfüllten Gebieten**: An überfüllten Orten wie

Stadien, Flughäfen oder städtischen Zentren kann 5G mehr mit dem Netzwerk verbundene Geräte ohne Geschwindigkeitseinbußen bewältigen.
- **Wechsel zwischen 5G und 4G**: Das Pixel 9 Pro ist so konzipiert, dass es nahtlos zwischen diesen wechseln kann **5G** Und **4G LTE**, abhängig von der Netzwerkverfügbarkeit und Signalstärke. Wenn die 5G-Abdeckung in einem bestimmten Gebiet schwach ist, schaltet das Telefon automatisch auf 4G LTE um, um eine stabile Verbindung aufrechtzuerhalten. So konfigurieren Sie die Netzwerkeinstellungen manuell:
  - Gehe zu **Einstellungen** > **Netzwerk & Internet** > **Mobilfunknetz** > **Bevorzugter Netzwerktyp**,

und wählen Sie zwischen **5G** oder **4G**.
2. **Wi-Fi 6E-Unterstützung**: Wi-Fi 6E ist der neueste Wireless-Standard und erweitert die Funktionen von **Wi-Fi 6** in die **6 GHz** Band, was höhere Geschwindigkeiten, geringere Latenz und bessere Leistung in Bereichen mit vielen Wi-Fi-Netzwerken oder angeschlossenen Geräten bietet.
    o **Vorteile von Wi-Fi 6E**:
        - **Höhere Geschwindigkeiten**: Wi-Fi 6E bietet Geschwindigkeiten von bis zu **9,6 Gbit/s**Dies ermöglicht reibungsloses 4K- und 8K-Video-Streaming, schnellere Uploads und kürzere Ping-Zeiten beim Online-Gaming.
        - **Weniger Staus**: Wi-Fi 6E fügt neue Kanäle im 6-GHz-Band hinzu und reduziert so Störungen durch

andere Geräte und Netzwerke, was zu stabileren Verbindungen führt, insbesondere in Gebieten mit hoher Dichte.

- **Verbesserte Reichweite**: Während Wi-Fi 6E in offenen Bereichen am besten funktioniert, bietet es auch eine bessere Konnektivität in großen Räumen in Häusern oder Büros und unterstützt mehr Geräte gleichzeitig bei weniger Netzwerkbeeinträchtigung.

o **Verbindung mit Wi-Fi 6E herstellen**: Um alle Vorteile auszunutzen **Wi-Fi 6E**, benötigen Sie einen kompatiblen Wi-Fi 6E-Router. Sobald Sie den Router eingerichtet haben:

- Gehe zu **Einstellungen** > **Netzwerk & Internet** > **W-lan**, und wählen Sie dann

Ihr aus **Wi-Fi 6E-Netzwerk** aus der Liste und verbinden Sie sich mit Ihrem Passwort.
- Stellen Sie sicher, dass Ihr Pixel 9 Pro mit dem 6-GHz-Band verbunden ist, um die schnellsten Geschwindigkeiten zu erzielen.

Bluetooth 5.2: Geräte koppeln und verwalten

Das Pixel 9 Pro unterstützt **Bluetooth 5.2**, eine erweiterte Version des Bluetooth-Protokolls, die eine bessere Audioqualität, eine größere Reichweite und einen effizienteren Stromverbrauch bei Verbindung mit drahtlosen Geräten bietet.

1. **Vorteile von Bluetooth 5.2**:
    - **Verbesserte Audioqualität**: Bluetooth 5.2 unterstützt Funktionen wie **LE Audio**, was insbesondere bei kabellosen

Kopfhörern für eine bessere Klangqualität sorgt und gleichzeitiges Audio-Streaming auf mehrere Geräte ermöglicht.
- **Erweiterte Reichweite**: Bluetooth 5.2 hat eine **größere Reichweite** als frühere Versionen, sodass Sie auch über größere Entfernungen mit Geräten verbunden bleiben können.
- **Geringere Latenz**: Diese Version reduziert Verzögerungen bei der Verwendung von Bluetooth-Geräten wie drahtlosen Ohrhörern und eignet sich daher ideal für Spiele oder das Ansehen von Videos, bei denen die Audiosynchronisierung von entscheidender Bedeutung ist.
- **Unterstützung mehrerer Geräte**: Bluetooth 5.2 ermöglicht eine bessere Verwaltung mehrerer gleichzeitig verbundener Bluetooth-Geräte, z. B. einer Smartwatch und drahtlosen Ohrhörern.

2. **Koppeln von Bluetooth-Geräten**:
   - Um ein neues Gerät zu koppeln, gehen Sie zu **Einstellungen** > **Verbundene Geräte** > **Neues Gerät koppeln**, und befolgen Sie die Anweisungen auf dem Bildschirm. Stellen Sie sicher, dass sich das Bluetooth-Gerät, das Sie verbinden möchten, im Pairing-Modus befindet.
   - Nach der Kopplung stellt das Gerät automatisch wieder eine Verbindung her, wenn es sich in Reichweite befindet und eingeschaltet ist.
3. **Verwalten von Bluetooth-Verbindungen**:
   - Um verbundene Geräte zu verwalten, gehen Sie zu **Einstellungen** > **Verbundene Geräte**. Hier können Sie zwischen Geräten wechseln, die Verbindung trennen oder gekoppelte Geräte entfernen.

○ Mit dem Pixel 9 Pro können Sie auch die Audioausgabe für bestimmte Apps verwalten. Sie können beispielsweise festlegen, dass Musik über Ihren Bluetooth-Lautsprecher abgespielt wird, während der Anrufton auf Ihrem Telefon bleibt.

Verwendung von eSIM- und Dual-SIM-Funktionen

Der **Pixel 9 Pro** unterstützt beides z.B Und **Dual-SIM** Funktionalität, die es Benutzern ermöglicht, problemlos zwischen zwei Telefonnummern oder Mobilfunkanbietern zu wechseln, ohne für beide eine physische SIM-Karte zu benötigen.

1. **Was ist eSIM?**: Ein **z.B** (eingebettete SIM) ist eine digitale Version einer physischen SIM-Karte, die in Ihr Telefon integriert ist. Damit können Sie eine Verbindung zum Netzwerk eines Mobilfunkanbieters herstellen, ohne eine

herkömmliche SIM-Karte einlegen zu müssen. Mit dem Pixel 9 Pro können Sie gleichzeitig eine eSIM und eine physische SIM aktiv haben.

2. **eSIM einrichten**:
    - Um eine eSIM zu aktivieren, gehen Sie zu **Einstellungen** > **Netzwerk & Internet** > **SIMs**, und wählen Sie **eSIM hinzufügen**.
    - Sie benötigen von Ihrem Mobilfunkanbieter einen Aktivierungscode, meist in Form eines QR-Codes, den Sie scannen können, um Ihr eSIM-Profil einzurichten.
    - Nach der Aktivierung funktioniert die eSIM wie eine physische SIM-Karte und ermöglicht es Ihnen, Anrufe zu tätigen, Textnachrichten zu senden und mobile Daten zu nutzen.
3. **Dual-SIM-Nutzung**: Die Dual-SIM-Funktion des Pixel 9 Pro ist nützlich für diejenigen, die geschäftliche

und private Nummern auf demselben Gerät behalten möchten, oder für Vielreisende, die zusätzlich zu ihrer primären SIM-Karte eine lokale SIM-Karte benötigen.
- Sie können eine SIM-Karte für Anrufe und SMS und eine andere für mobile Daten festlegen. Beispielsweise können Sie Ihre eSIM auf Reisen im Ausland für Daten nutzen und trotzdem über die physische SIM-Karte Anrufe unter Ihrer Privatnummer entgegennehmen.
- Um Ihre SIM-Einstellungen zu konfigurieren, gehen Sie zu **Einstellungen > Netzwerk & Internet > SIMs**, wo Sie zwischen SIM-Karten für die Datennutzung oder für Anrufe und SMS wechseln können.

Casting und Spiegelung mit Chromecast und anderen Geräten

Das Pixel 9 Pro ist ausgestattet mit **Gießen** Und **Spiegelung** Funktionen, mit denen Sie Medien streamen oder den Bildschirm Ihres Telefons auf ein größeres Display spiegeln können, z **Chromecast**-fähiger Fernseher oder Monitor.

1. **Chromecast-Casting**:
   - **Casting** ermöglicht das Streamen von Inhalten wie Videos, Musik und Fotos von Apps wie **YouTube**, **Netflix**, Und **Spotify** direkt an einen Chromecast-fähigen Fernseher oder Lautsprecher anschließen.
   - Stellen Sie zum Streamen sicher, dass Ihr Telefon und Ihr Chromecast-Gerät mit demselben WLAN-Netzwerk verbunden sind. Öffnen Sie dann die App, aus der Sie streamen möchten, und tippen Sie auf **Cast-Symbol** (normalerweise oben auf dem Bildschirm).

- Wählen Sie Ihr Chromecast-Gerät aus der Liste aus und die Inhalte werden auf dem Fernseher abgespielt.
2. **Bildschirmspiegelung**:
    - **Bildschirmspiegelung** ermöglicht es Ihnen, den gesamten Bildschirm Ihres Pixel 9 Pro auf ein größeres Display zu projizieren, was für Präsentationen, Spiele oder das Betrachten von Fotos nützlich ist.
    - Um Ihren Bildschirm zu spiegeln, gehen Sie zu **Einstellungen** > **Verbundene Geräte** > **Gießen**. Wählen Sie das Gerät aus, auf das Sie spiegeln möchten, und der Bildschirm Ihres Telefons wird in Echtzeit auf dem größeren Display angezeigt.
    - Beachten Sie, dass bei der Bildschirmspiegelung alles auf dem Bildschirm Ihres Telefons reproduziert wird, während bei der Übertragung nur Medieninhalte von

unterstützten Apps gestreamt werden.
3. **Casting mit anderen Geräten**: Das Pixel 9 Pro unterstützt auch das Streamen auf andere Geräte als Chromecast, z **Smart-TVs** mit Miracast-Unterstützung oder **drahtlose Anzeige** Adapter. Solange das Empfangsgerät das Streamen unterstützt, können Sie Inhalte streamen oder Ihren Bildschirm drahtlos spiegeln.

Akkulaufzeit und Ladelösungen für das Google Pixel 9 Pro

Einer der wichtigsten Aspekte eines Smartphones ist seine Akkulaufzeit und wie effizient es aufgeladen werden kann. Der **Google Pixel 9 Pro** bietet eine Reihe fortschrittlicher Technologien, die zur Optimierung der Batterieleistung beitragen, wie z **Adaptive Batterie**, **Schnelles Aufladen**, Und **Kabelloses Laden**. Mit einem **5000-mAh-Akku** bietet es ausreichend Leistung für den täglichen Gebrauch, selbst bei anspruchsvollen

Anwendungen wie Spielen, Streaming und Multitasking. Das Verständnis dieser Akkufunktionen, Ladeoptionen und Energiesparmodi kann Benutzern dabei helfen, die Akkulaufzeit ihres Geräts zu maximieren und eine langfristige Gesundheit zu gewährleisten.

Die adaptive Akkutechnologie des Pixel 9 Pro verstehen

Der **Google Pixel 9 Pro** ist ausgestattet mit **Adaptive Batterie** Technologie, ein intelligentes System, das die Akkuleistung verbessert, indem es im Laufe der Zeit lernt, wie Sie Ihr Telefon verwenden. Diese Funktion begrenzt den Stromverbrauch von Apps, die Sie nicht häufig verwenden, und stellt so sicher, dass nur wichtige Apps die Ressourcen erhalten, die sie benötigen.

1. **So funktioniert die adaptive Batterie**:
    - Der **Pixel 9 Pro** verwendet Algorithmen für maschinelles Lernen, um Ihre

App-Nutzungsmuster zu überwachen. Es priorisiert die Stromversorgung der Apps, die Sie am häufigsten verwenden, und reduziert die Hintergrundaktivität für diejenigen, die Sie selten öffnen.
- Dieses System trägt dazu bei, die Akkulaufzeit den ganzen Tag über zu verlängern, indem es dafür sorgt, dass stromhungrige Apps nicht unnötig im Hintergrund ausgeführt werden.

2. **Anpassen der adaptiven Batterieeinstellungen**:
   - Adaptive Battery ist standardmäßig aktiviert, Sie können die Funktionsweise jedoch weiter anpassen, indem Sie auf gehen **Einstellungen > Batterie > Adaptive Präferenzen**, wo Sie das umschalten können **Adaptive Batterie** Funktion ein- oder ausschalten.

- Sie können auch überwachen, welche Apps den meisten Akku verbrauchen **Batterieverbrauch** Abschnitt. Hier können Sie die Hintergrundaktivität für Apps einschränken oder einschränken, die mehr Strom verbrauchen, als sie sollten.
3. **Vorteile der adaptiven Batterie**:
    - **Verlängerte Bildschirm-Einschaltzeit**: Durch die Verwaltung von Hintergrundprozessen ermöglicht der adaptive Akku dem Pixel 9 Pro eine längere Einschaltdauer des Bildschirms, ohne dass häufiges Aufladen erforderlich ist.
    - **Optimiertes Laden basierend auf der Nutzung**: Mit der Zeit lernt Ihr Telefon, wann Sie den Akku normalerweise laden und entladen, und nimmt kleine Anpassungen vor, um in Zeiten der Inaktivität Strom zu sparen.

Tipps zum schnellen und kabellosen Laden

Das Pixel 9 Pro ist mit beidem ausgestattet **Schnelles Aufladen** Und **Kabelloses Laden** Funktionen, die sicherstellen, dass Benutzer ihr Gerät schnell und bequem einschalten können.

1. **Schnelles Aufladen**:
   - Das Pixel 9 Pro unterstützt **30W Schnellladung**, wodurch Sie den Akku des Telefons in nur 30 Minuten schnell von fast leer auf etwa 50 % aufladen können. Dies ist ideal für Benutzer, die tagsüber einen schnellen Leistungsschub benötigen.
   - Ausnutzen **schnelles Aufladen**, müssen Sie a verwenden **30-W-USB-C-Ladegerät**. Während das Pixel 9 Pro mit einer Vielzahl von Ladegeräten kompatibel ist, gewährleistet die Verwendung des offiziellen Google-Ladegeräts das

effizienteste und sicherste Ladeerlebnis.

- **Ladetipps**:
  - **Vermeiden Sie Hitzeeinwirkung**: Beim Schnellladen entsteht Wärme, und übermäßige Hitze kann mit der Zeit den Zustand des Akkus beeinträchtigen. Laden Sie Ihr Gerät an einem gut belüfteten Ort auf, um eine Überhitzung zu vermeiden.
  - **Verwenden Sie hochwertige Ladegeräte**: Stellen Sie sicher, dass Sie zertifizierte USB-C PD-Ladegeräte (Power Delivery) zum Schnellladen verwenden. Preiswerte oder nicht zertifizierte Ladegeräte bieten möglicherweise nicht die volle Schnellladegeschwindigkeit

oder können Ihren Akku beschädigen.
2. **Kabelloses Laden**:
    - Das Pixel 9 Pro unterstützt auch **23 W kabelloses Laden** mit kompatiblen kabellosen Ladegeräten, einschließlich **Googles Pixel Stand**. Das kabellose Laden bietet eine praktische, kabellose Möglichkeit, Ihr Telefon den ganzen Tag über aufgeladen zu halten.
    - **Umgekehrtes kabelloses Laden** ist eine weitere Funktion, mit der Ihr Pixel 9 Pro als Ladestation für andere Geräte wie Ohrhörer oder Smartwatches fungieren kann **Batterie teilen** Besonderheit.
    - **Optimierung des kabellosen Ladens**:
        - **Positionierung ist der Schlüssel**: Stellen Sie sicher, dass Ihr Pixel 9 Pro richtig auf dem kabellosen Ladepad

ausgerichtet ist. Eine Fehlausrichtung kann die Ladegeschwindigkeit verringern oder zu intermittierendem Laden führen.

- **Verwenden Sie den Pixel Stand von Google**: Für optimale kabellose Ladegeschwindigkeiten und zusätzliche Funktionen wie **optimiertes Nachtladen** Und **personalisierte Anzeigeeinstellungen**, verwenden Sie die offizielle Funktion von Google **Pixelständer**.
- **Batterie teilen**: Um Battery Share für das Rückwärtsladen zu aktivieren, gehen Sie zu **Einstellungen > Batterie > Batterie teilen**. Wenn die Funktion aktiviert ist, platzieren Sie das Gerät, das

Sie aufladen möchten, einfach auf der Rückseite Ihres Pixel 9 Pro.

Batteriezustandsmanagement: Verlängern Sie die Lebensdauer Ihrer Batterie

Die langfristige Aufrechterhaltung der Gesundheit Ihres Akkus ist entscheidend, um sicherzustellen, dass er weiterhin eine konstante Leistung liefert. Während moderne Lithium-Ionen-Akkus wie der im Pixel 9 Pro auf eine Lebensdauer von mehreren Jahren ausgelegt sind, können bestimmte Gewohnheiten dazu beitragen, die Gesundheit des Akkus zu erhalten.

1. **Vermeiden Sie Vollentladungen**:
    - **Lithium-Ionen-Batterien** Die beste Leistung erbringen sie, wenn sie zwischen 20 % und 80 % aufgeladen sind. Wenn Sie Ihren Akku häufig auf 0 % entladen und dann auf 100 % aufladen, kann dies

die Gesamtlebensdauer des Akkus verkürzen.
- Es empfiehlt sich, das Telefon zwischendurch aufzuladen **20 %** **und 30 %** und trennen Sie es, wenn es erreicht ist **80-90 %** für den täglichen Gebrauch.

2. **Nutzen Sie adaptives Laden**:
   - Das Pixel 9 Pro enthält eine **Adaptives Laden** Funktion, die die Ladegeschwindigkeit basierend auf Ihrer Routine optimiert. Wenn das Gerät erkennt, dass Sie Ihr Telefon normalerweise über Nacht aufladen, verlangsamt es die Ladegeschwindigkeit, um sicherzustellen, dass der Akku kurz vor dem Aufwachen wieder 100 % erreicht. Dadurch wird die Zeit verkürzt, in der Ihr Akku voll aufgeladen ist, was zu einer längeren Lebensdauer beitragen kann.

- Zum Aktivieren **Adaptives Laden**, geh zu **Einstellungen** > **Batterie** > **Adaptive Präferenzen** und schalten Sie die Funktion ein.

3. **Temperaturbewusstsein**:
    - Extreme Temperaturen – sowohl heiß als auch kalt – können den Akku beschädigen. Vermeiden Sie es, Ihr Telefon über einen längeren Zeitraum direktem Sonnenlicht auszusetzen oder es bei Frost zu verwenden.
    - Das Pixel 9 Pro ist so konzipiert, dass es die Akkutemperatur automatisch regelt, es ist jedoch dennoch eine gute Idee, das Telefon in einem Temperaturbereich von zu halten **32°F bis 95°F (0°C bis 35°C)** für eine optimale Batteriegesundheit.

4. **Ladegewohnheiten**:
    - Es ist wichtig, dass Sie Ihr Telefon nicht während des Schnellladens verwenden, da dadurch zusätzliche

Wärme erzeugt werden kann, die auf lange Sicht schädlich für den Akku ist. Wenn Sie das Telefon während des Ladevorgangs verwenden müssen, versuchen Sie, die Aktivität gering zu halten (z. B. Surfen oder Nachrichten senden statt Spielen oder Streamen).

Batteriesparmodi und Tipps zur Energieeffizienz

Für den Fall, dass Sie die Akkulaufzeit so weit wie möglich verlängern müssen, bietet das Pixel 9 Pro mehrere Energiesparoptionen. Wenn Sie wissen, wie Sie diese Modi verwenden, und sich einige praktische Gewohnheiten aneignen, können Sie die Lebensdauer Ihrer Batterie erheblich verlängern.

1. **Batteriesparmodus**:
    - Der **Batteriesparmodus** Der Modus wurde entwickelt, um Hintergrundprozesse zu reduzieren und die App-Aktivität zu

begrenzen, um Strom zu sparen. Wenn es aktiviert ist, verringert es die Leistung leicht, deaktiviert die Hintergrundsynchronisierung und begrenzt Vibrationen, um Batterie zu sparen.
- Zum Aktivieren **Batteriesparmodus**, wischen Sie nach unten, um darauf zuzugreifen **Schnelleinstellungen**, und tippen Sie dann auf **Batteriesparmodus**. Alternativ können Sie auch zu gehen **Einstellungen** > **Batterie** > **Batteriesparmodus** und stellen Sie es so ein, dass es sich bei einem ausgewählten Batterieprozentsatz automatisch einschaltet.
- Sie können auch aktivieren **Extremer Batteriesparmodus**, wodurch mehr Funktionen und Hintergrundaktivitäten für maximale Energieeinsparungen eingeschränkt werden. In **Extremer Batteriesparmodus**können Sie

bestimmte Apps auswählen, die aktiv bleiben, während andere angehalten werden.
2. **Schalten Sie unnötige Funktionen aus**:
    - **W-lan**, **Bluetooth**, **NFC**, Und **Ortungsdienste** können Ihren Akku entladen, auch wenn Sie sie nicht verwenden. Das Deaktivieren dieser Funktionen, wenn sie nicht benötigt werden, kann die Akkulaufzeit erheblich verlängern.
    - Um diese Funktionen schnell zu deaktivieren, wischen Sie auf dem Startbildschirm nach unten, um auf die zuzugreifen **Schnelleinstellungen** Menü und schalten Sie sie aus.
3. **Geringere Bildschirmhelligkeit und Zeitüberschreitung**:
    - Die Pixel 9 Pro's **6,7-Zoll-AMOLED-Display** ist atemberaubend, aber höhere Helligkeitseinstellungen können eine der größten Belastungen für

Ihren Akku darstellen. Verringern Sie die Bildschirmhelligkeit oder aktivieren Sie sie **Adaptive Helligkeit**, das die Helligkeit automatisch an das Umgebungslicht anpasst, kann zur Reduzierung des Stromverbrauchs beitragen.
  - Sie können die auch reduzieren **Bildschirm-Timeout** Diese Einstellung stellt sicher, dass das Display bei Nichtgebrauch nicht länger als nötig eingeschaltet bleibt. Gehen Sie dazu zu **Einstellungen** > **Anzeige** > **Bildschirm-Timeout**und wählen Sie eine kürzere Dauer (z. B. 30 Sekunden oder 1 Minute).
4. **Deaktivieren Sie die hohe Aktualisierungsrate**:
  - Das Pixel 9 Pro verfügt über eine **adaptive Bildwiederholfrequenz** von bis zu 120 Hz, was eine flüssigere Darstellung liefert, aber mehr Strom verbraucht. Sie können

den Stromverbrauch reduzieren, indem Sie die Bildwiederholfrequenz auf einstellen **60Hz** In **Einstellungen > Anzeige > Glatte Anzeige** wenn Sie beim Scrollen oder Spielen keine zusätzliche Flüssigkeit benötigen.
5. **Hintergrund-Apps verwalten**:
    - Die Begrenzung der Anzahl der im Hintergrund ausgeführten Apps kann dazu beitragen, die Akkulaufzeit zu verlängern. Sie können dies manuell tun, indem Sie auf gehen **Einstellungen > Batterie > Batterieverbrauch**Hier können Sie sehen, welche Apps den meisten Akku verbrauchen, und ihre Hintergrundaktivität einschränken.

Fehlerbehebung und Wartung für das Google Pixel 9 Pro

Erhalten Sie die Leistung und Langlebigkeit Ihres **Google Pixel 9 Pro** Dazu gehört es, potenzielle Probleme und deren Lösungen zu verstehen, bei Bedarf Resets durchzuführen und mit der neuesten Software auf dem Laufenden zu bleiben. Dieses Kapitel bietet umfassende Einblicke in häufige Fehlerbehebungsprobleme, Zurücksetzungstechniken, Software-Updates und Tipps, wie Sie Ihr Gerät in optimalem Zustand halten.

Häufige Probleme und Korrekturen: Konnektivität, Leistung und Apps

Trotz der beeindruckenden Spezifikationen und Funktionen kann es gelegentlich zu Problemen mit dem Pixel 9 Pro kommen. Durch die Identifizierung häufiger Probleme und der entsprechenden Lösungen kann der Fehlerbehebungsprozess optimiert werden.

1. **Verbindungsprobleme**:
    - **WLAN-Probleme**: Wenn Ihr Gerät keine Verbindung zum WLAN herstellen kann, versuchen Sie Folgendes:
        - **Vergessen und wieder verbinden**: Gehe zu **Einstellungen > Netzwerk & Internet > W-lan**. Tippen Sie auf das Netzwerk, mit dem Sie Probleme haben, und wählen Sie es aus **Vergessen**, und stellen Sie dann die Verbindung wieder her,

indem Sie das Passwort erneut eingeben.
- **Starten Sie den Router neu**: Manchmal liegt das Problem möglicherweise am Router. Durch einen Neustart können Verbindungsprobleme behoben werden.
- **Auf Störungen prüfen**: Stellen Sie sicher, dass andere elektronische Geräte oder dicke Wände keine Störungen verursachen. Versuchen Sie, näher an den Router heranzukommen.
  - **Bluetooth-Probleme**: Wenn Bluetooth nicht häufig gekoppelt oder getrennt wird:
    - **Schalten Sie Bluetooth aus und ein**: Gehe zu **Einstellungen** > **Angeschlossene Geräte** > **Bluetooth** und schalten Sie es aus und ein.

- **Vergessen Sie das Gerät**: Vergessen Sie in den Bluetooth-Einstellungen das problematische Gerät und versuchen Sie erneut, eine Verbindung herzustellen.
- **Cache leeren**: Bei anhaltenden Problemen leeren Sie den Cache der Bluetooth-App, indem Sie auf gehen **Einstellungen > Apps > Alle Apps anzeigen > Bluetooth > Speicherung und Cache**, und tippen Sie dann auf **Cache leeren**.

2. **Leistungsprobleme**:
   - **Langsame Leistung**: Wenn Ihr Pixel 9 Pro hinterherhinkt, beachten Sie Folgendes:
     - **Schließen Sie Hintergrund-Apps**: Greifen Sie auf die Ansicht „Letzte Apps" zu und wischen Sie alle Apps weg, die im

Hintergrund ausgeführt werden.
- **App-Cache leeren**: Navigieren zu **Einstellungen > Apps > Alle Apps anzeigen**, wählen Sie eine App mit schlechter Leistung aus und tippen Sie auf **Speicherung und Cache > Cache leeren**.
- **Geben Sie Speicherplatz frei**: Geringer Speicherplatz kann die Leistung erheblich beeinträchtigen. Überprüfen Sie unten Ihre Speichernutzung **Einstellungen > Lagerung** und löschen Sie unnötige Dateien oder Apps.

  o **Batterieentladung**: Wenn sich Ihr Akku schneller als erwartet entlädt:
    - **Überprüfen Sie den Batterieverbrauch**: Gehe zu **Einstellungen > Batterie >**

Batterieverbrauch um herauszufinden, welche Apps den meisten Strom verbrauchen.

- **Aktivieren Sie den Batteriesparmodus**: Aktivieren Sie den Energiesparmodus, indem Sie im Benachrichtigungsfeld nach unten wischen und auf das Batteriesymbol tippen, oder navigieren Sie zu **Einstellungen > Batterie > Batteriesparmodus**.

3. **App-Probleme**:
    - **Abstürzende Apps**: Wenn bestimmte Apps ständig abstürzen:
        - **Aktualisieren Sie die App**: Öffnen Sie die **Google Play Store**, suchen Sie nach der App und stellen Sie sicher, dass sie auf die neueste Version aktualisiert ist.

- **Installieren Sie die App neu**: Deinstallieren Sie die App und installieren Sie sie anschließend erneut aus dem Google Play Store.
- **Auf Kompatibilität prüfen**: Einige Apps sind möglicherweise nicht vollständig für die neueste Android-Version optimiert. Kompatibilitätshinweise finden Sie in der Beschreibung der App im Play Store.

Zurücksetzen Ihres Geräts: Soft- und Hard-Resets

Durch das Zurücksetzen Ihres Geräts können zahlreiche Probleme behoben werden, insbesondere wenn diese dauerhaft bestehen und nicht durch Standardmethoden zur Fehlerbehebung behoben werden können.

1. **Soft-Reset**:

- Ein Soft-Reset ist im Wesentlichen ein Neustart Ihres Geräts. Es kann dabei helfen, vorübergehende Störungen oder Leistungsprobleme zu beheben.
- Um einen Soft-Reset auf dem Pixel 9 Pro durchzuführen, halten Sie die Taste gedrückt **Power-Taste** bis das Power-Menü erscheint, dann auswählen **Neustart**.

2. **Hard Reset (Werksreset):**
   - Ein Hard-Reset setzt Ihr Gerät auf die Werkseinstellungen zurück und löscht alle Daten und Einstellungen. Dies ist ein nützlicher Schritt, wenn Sie schwerwiegende Probleme haben, die auf andere Weise nicht gelöst werden können.
   - **Sichern Sie Ihre Daten**: Bevor Sie fortfahren, stellen Sie sicher, dass Sie wichtige Daten entweder auf Google Drive oder einer externen Quelle sichern.

- Um einen Hard-Reset durchzuführen, gehen Sie zu **Einstellungen > System > Optionen zurücksetzen > Alle Daten löschen (Werksreset).** Befolgen Sie zur Bestätigung die Anweisungen auf dem Bildschirm.
- Nach dem Zurücksetzen wird Ihr Gerät neu gestartet und Sie werden aufgefordert, es als neues Gerät einzurichten.

Software-Updates: So bleiben Sie mit Android- und Pixel-Updates auf dem Laufenden

Wenn Sie Ihr Pixel 9 Pro mit der neuesten Software auf dem neuesten Stand halten, profitieren Sie von den neuesten Funktionen, Sicherheitspatches und Leistungsverbesserungen. Google veröffentlicht häufig Updates für Android, die für die Aufrechterhaltung der Gerätefunktionalität und -sicherheit unerlässlich sind.

1. **Nach Updates suchen**:
   - Um nach Updates zu suchen, navigieren Sie zu **Einstellungen** > **System** > **Systemupdate**. Hier können Sie sehen, ob Updates verfügbar sind. Wenn es ein Update gibt, tippen Sie auf **Herunterladen und installieren** um den Prozess zu beginnen.
2. **Automatische Updates**:
   - Das Pixel 9 Pro ist darauf ausgelegt, Updates automatisch herunterzuladen und zu installieren, sofern Sie mit einem WLAN verbunden sind. Stellen Sie sicher, dass diese Funktion aktiviert ist, indem Sie auf gehen **Einstellungen** > **System** > **Systemupdate** > **Fortschrittlich** und Überprüfung der **Auto-Update-System** Option.
3. **Sicherheitsupdates**:
   - Google veröffentlicht regelmäßig Sicherheitsupdates, um Ihr Gerät vor Schwachstellen zu schützen.

Diese Updates werden normalerweise mit Systemupdates gebündelt, daher ist eine regelmäßige Suche nach Updates von entscheidender Bedeutung.

4. **Aktualisierungshäufigkeit**:
    - Pixel-Geräte erhalten mindestens drei Jahre nach ihrer Einführung wichtige Android-Versionsupdates sowie regelmäßige monatliche Sicherheitspatches. Wenn Sie über die Veröffentlichung dieser Updates informiert bleiben, können Sie die Sicherheit und Leistung Ihres Geräts aufrechterhalten.

Tipps, wie Sie Ihr Pixel 9 Pro in Top-Zustand halten

Um sicherzustellen, dass Ihr Pixel 9 Pro in ausgezeichnetem Zustand bleibt, geht es um mehr als nur die Behebung auftretender Probleme. Durch proaktive Wartung und Pflege können Sie die Lebensdauer verlängern und die Leistung Ihres Geräts steigern.

1. **Körperpflege:**
    - **Verwenden Sie eine Schutzhülle**: Eine hochwertige Hülle kann Ihr Telefon vor Stürzen und Kratzern schützen. Wählen Sie eine Hülle, die gut passt und eine gute Stoßdämpfung bietet.
    - **Displayschutzfolie**: Erwägen Sie die Verwendung eines Displayschutzes aus gehärtetem Glas, um Kratzer und Risse auf dem Display zu vermeiden.
    - **Vermeiden Sie extreme Temperaturen**: Halten Sie Ihr Telefon von übermäßiger Hitze oder Kälte fern, da extreme Temperaturen die Akkuleistung und die allgemeine Funktionalität beeinträchtigen können.
2. **Regelmäßige Softwarewartung:**

- **Cache regelmäßig leeren**: Löschen Sie regelmäßig Cache-Daten aus Apps, um Speicherplatz freizugeben und die Leistung zu verbessern. Dies kann durch erfolgen **Einstellungen** > **Lagerung** > **Zwischengespeicherte Daten**.
- **Deinstallieren Sie nicht verwendete Apps**: Überprüfen Sie regelmäßig Ihre installierten Apps und entfernen Sie alle, die Sie nicht mehr verwenden, um Speicherplatz freizugeben und die Leistung zu verbessern.

3. **Batteriezustand**:
   - Überwachen Sie den Zustand Ihrer Batterie, indem Sie die überprüfen **Batterie** Abschnitt in **Einstellungen**. Dies kann Einblicke in die Leistung Ihres Akkus geben und Sie auf mögliche Probleme aufmerksam machen.

- Vermeiden Sie es, Ihr Telefon regelmäßig über Nacht angeschlossen zu lassen, da sich dies mit der Zeit negativ auf den Zustand des Akkus auswirken kann.

4. **Regelmäßige Backups**:
   - Stellen Sie sicher, dass Ihre wichtigen Daten regelmäßig gesichert werden. Verwenden **Google Drive** oder andere Cloud-Dienste zum Speichern von Fotos, Kontakten und anderen wichtigen Dateien.
   - Durch das Sichern von Daten stellen Sie sicher, dass Sie bei einem Geräteausfall oder einem Zurücksetzen auf die Werkseinstellungen keine wichtigen Informationen verlieren.

5. **Bleiben Sie informiert**:
   - Folgen Sie dem offiziellen Blog oder den Foren von Google, um Ankündigungen zu Updates, Funktionen und Tipps speziell für

die Pixel-Serie zu erhalten. Die Teilnahme an Community-Foren kann zusätzliche Tipps zur Fehlerbehebung und Einblicke von anderen Benutzern liefern.

Benutzerbibel des Google Pixel 9 Pro

Erweiterte Tipps und Tricks für Power-User des Google Pixel 9 Pro

Für Power-User ist die **Google Pixel 9 Pro** bietet eine Fülle erweiterter Funktionen und Anpassungsoptionen, die Ihr Erlebnis erheblich verbessern können. Von der Freischaltung des Entwicklermodus bis hin zur nahtlosen Integration in das Google-Ökosystem – diese Tipps und Tricks helfen Ihnen, das Beste aus Ihrem Gerät herauszuholen.

Entwicklermodus: Erweiterte Funktionen aktivieren und verwenden

Der Entwicklermodus ist eine versteckte Funktion in Android-Geräten, die Zugriff auf eine Vielzahl erweiterter Einstellungen und Tools für Entwickler bietet. Aber auch Power-User können von diesen Funktionen profitieren, um ihr Gerät individuell anzupassen und die Funktionalität zu erweitern.

1. **Entwicklermodus aktivieren**:
    - Um den Entwicklermodus auf Ihrem Pixel 9 Pro zu aktivieren, navigieren Sie zu **Einstellungen** > **Über Telefon**. Scrollen Sie nach unten zu **Build-Nummer** und tippen Sie sieben Mal darauf. Sie sehen eine Meldung, die Sie darüber informiert, dass Sie jetzt Entwickler sind. Gehen Sie zurück zum Haupteinstellungsmenü und Sie werden einen neuen Abschnitt

mit der Bezeichnung finden **System** mit **Entwickleroptionen**.
2. **Erkundung der Entwickleroptionen**:
    - In den Entwickleroptionen finden Sie verschiedene Einstellungen, darunter:
        - **USB-Debugging**: Mit dieser Funktion kann Ihr Gerät zu Entwicklungszwecken über USB mit einem Computer kommunizieren, z. B. mithilfe von Android Studio- oder ADB-Befehlen.
        - **Animationsskalen**: Durch Anpassen der Animationsskalen für Fenster, Übergang und Animatordauer kann die Reaktionsfähigkeit Ihres Geräts beschleunigt werden. Stellen Sie diese Skalen auf das 0,5-fache oder ganz aus, um ein schnelleres Erlebnis zu erzielen.

- **Hintergrundprozesslimit**: Begrenzen Sie die Anzahl der Hintergrundprozesse, um die Leistung zu optimieren. Wählen Sie die Option, die Ihren Multitasking-Anforderungen am besten entspricht.
- **GPU-Rendering erzwingen**: Diese Option zwingt Apps dazu, die GPU für das 2D-Rendering zu verwenden, wodurch möglicherweise die Leistung bestimmter Anwendungen verbessert wird.

3. **Verwenden anderer erweiterter Funktionen**:
    - **Netzwerkbeschränkungen**: Begrenzen Sie die Datennutzung im Hintergrund für bestimmte Apps, um Ihre Daten besser zu verwalten.
    - **Scheinstandort**: Wenn Sie standortbasierte Apps testen

möchten, können Sie simulierte Standorte aktivieren und eine simulierte Standort-App festlegen.

Exklusive Funktionen von Google Pixel: Jetzt abgespielt, Anrufüberwachung und mehr

Das Pixel 9 Pro ist vollgepackt mit Funktionen, die es von anderen Smartphones unterscheiden. Diese exklusiven Funktionen verbessern nicht nur die Benutzerfreundlichkeit, sondern verbessern auch Ihr Gesamterlebnis.

1. **Jetzt gespielt**:
    - Diese Funktion erkennt automatisch die Namen von Liedern, die in Ihrer Nähe abgespielt werden, und zeigt sie an. Um „Aktuelle Wiedergabe" zu aktivieren, gehen Sie zu **Einstellungen > Ton und Vibration > Jetzt gespielt** und schalten Sie es ein. Das Gerät wartet kontinuierlich auf Musik und zeigt den Songtitel auf dem

Sperrbildschirm an. Sie können sogar auf den Verlauf erkannter Songs zugreifen.

2. **Anrufüberprüfung**:
    - Mit der Anrufüberwachung kann Google Assistant Anrufe in Ihrem Namen entgegennehmen und Spam oder unerwünschte Anrufe überprüfen. Öffnen Sie zum Einrichten die **Telefon-App**, tippen Sie auf das Dreipunktmenü und wählen Sie aus **Einstellungen > Anrufbildschirm**. Hier können Sie anpassen, wie Google Assistant mit Anrufern interagiert und Ihnen eine Abschrift des Anrufs zur Verfügung stellt, bevor Sie sich für den Anruf entscheiden.

3. **Diktiergerät mit Transkription**:
    - Mit der integrierten Diktiergerät-App können Sie Gespräche aufzeichnen und automatisch in Echtzeit transkribieren. Diese Funktion ist

besonders nützlich für Studenten, Journalisten und alle, die detaillierte Diskussionen aufzeichnen müssen.
4. **Persönliche Sicherheitsfunktionen**:
    o Das Pixel 9 Pro verfügt über Sicherheitsfunktionen wie **Autounfallerkennung**, das erkennen kann, ob Sie einen schweren Unfall hatten, und den Rettungsdienst benachrichtigen kann, wenn Sie nicht reagieren. Um es zu aktivieren, gehen Sie zu **Einstellungen** > **Sicherheit** und folgen Sie den Anweisungen.
5. **Schnelltippen**:
    o Mit dieser Funktion können Sie bestimmte Aktionen ausführen, indem Sie zweimal auf die Rückseite Ihres Geräts tippen. Um es zu aktivieren, navigieren Sie zu **Einstellungen** > **System** > **Gesten** > **Schnelltippen**. Sie können Aktionen wie das Erstellen von Screenshots, das Starten von Apps

oder das Öffnen von Google Assistant anpassen.

Anpassen das Pixel-Erlebnis: ROMs und benutzerdefinierte Launcher

Für diejenigen, die ihr Google Pixel-Erlebnis weiter anpassen möchten, bietet die Anpassung mit ROMs und Launchern eine Reihe von Optionen, um den individuellen Vorlieben gerecht zu werden.

1. **Benutzerdefinierte ROMs**:
    - Ein benutzerdefiniertes ROM ist eine modifizierte Version des Android-Betriebssystems, die andere Funktionen, verbesserte Leistung oder ein völlig neues Aussehen bieten kann. Zu den beliebten Optionen gehören **LineageOS**, **Pixel-Erlebnis**, Und **Paranoides Android**.
    - **Installation**: Um ein benutzerdefiniertes ROM zu installieren, müssen Sie im

Allgemeinen den Bootloader Ihres Geräts entsperren, wodurch alle Daten gelöscht werden. Sichern Sie Ihre Dateien, entsperren Sie den Bootloader und installieren Sie dann eine benutzerdefinierte Wiederherstellung wie TWRP. Von dort aus können Sie das ROM Ihrer Wahl flashen.
- **Vorsicht**: Benutzerdefinierte ROMs können zum Erlöschen der Garantie führen und eine unsachgemäße Installation kann zu blockierten Geräten führen. Stellen Sie sicher, dass Sie die Anweisungen sorgfältig befolgen und nur vertrauenswürdige Quellen verwenden.

2. **Benutzerdefinierte Starter**:
   - Mit benutzerdefinierten Startern können Benutzer das Erscheinungsbild ihres Startbildschirms und ihrer App-Schublade ändern. Zu den beliebten Optionen gehören **Nova**

Launcher, **Microsoft Launcher**, Und **Aktionsstarter**.
- Um einen Launcher zu installieren, laden Sie ihn von herunter **Google Play Store** und legen Sie es als Standard-Launcher fest, wenn Sie dazu aufgefordert werden. Benutzerdefinierte Launcher bieten in der Regel Funktionen wie anpassbare Symbolpakete, Widget-Optionen und Layoutanpassungen, sodass Sie Ihr Erlebnis personalisieren können.

3. **Widget-Anpassung**:
   - Mit benutzerdefinierten Launchern können Sie auch umfangreiche Widget-Optionen nutzen, die im Standard-Launcher möglicherweise nicht verfügbar sind. Erwägen Sie die Verwendung von Apps wie **KWGT** oder **Zooper-Widget** um personalisierte Widgets zu erstellen, die Informationen anzeigen, die Ihnen am wichtigsten sind.

Integration in das Google-Ökosystem: Nahtlose Nutzung auf allen Geräten

Das Google Pixel 9 Pro lässt sich nahtlos in andere Google-Dienste und -Geräte integrieren und macht es Power-Usern so leicht, ein zusammenhängendes digitales Erlebnis zu schaffen. So können Sie die Vorteile dieser Integration voll ausnutzen:

1. **Google Assistant**:
    - Nutzen Sie Google Assistant auf allen Ihren Geräten, einschließlich Smartphones, Smart Speakern und Smart Displays. Stellen Sie Erinnerungen ein, überprüfen Sie das Wetter oder steuern Sie Smart-Home-Geräte mit Sprachbefehlen. Passen Sie Ihre Assistant-Einstellungen an **Einstellungen > Google > Einstellungen für Google-Apps > Suche, Assistent und Stimme.**

2. **Google Fotos**:
   - Das Pixel 9 Pro bietet über Google Fotos kostenlosen, unbegrenzten Speicherplatz für Fotos und Videos in hoher Qualität. Diese Funktion ermöglicht eine einfache Organisation, Freigabe und Bearbeitung Ihrer Medien. Greifen Sie geräteübergreifend auf Ihre Fotos zu, indem Sie sich bei Ihrem Google-Konto anmelden.
3. **Google Drive**:
   - Mit Google Drive können Sie Dateien von überall speichern und darauf zugreifen. Synchronisieren Sie Ihre Dokumente, Präsentationen und Tabellenkalkulationen mit der Cloud, sodass Sie von jedem Gerät aus, einschließlich Ihrem Pixel 9 Pro, daran arbeiten können.
4. **Google Home-Integration**:
   - Verwalten Sie Ihre Smart-Home-Geräte direkt von Ihrem Pixel 9 Pro aus über **Google**

Home App. Steuern Sie Lichter, Thermostate, Kameras und mehr von Ihrem Telefon aus oder verwenden Sie Sprachbefehle mit Google Assistant.

5. **Chromecast und Streaming**:
    - Wenn Sie ein Chromecast-fähiges Gerät haben, können Sie Medien von Ihrem Pixel 9 Pro auf Ihren Fernseher übertragen. Tippen Sie einfach auf **Gießen** Symbol in kompatiblen Apps, um mit dem Streamen von Filmen, Musik und mehr zu beginnen.
6. **Geräteübergreifende Benachrichtigungen**:
    - Durch die geräteübergreifende Integration Ihres Google-Kontos können Sie Benachrichtigungen von Ihrem Pixel 9 Pro auf anderen Geräten wie Tablets oder Chromebooks empfangen. Stellen Sie sicher, dass Sie auf allen Geräten bei demselben

Google-Konto angemeldet sind, um diese Funktion nutzen zu können.

Benutzerbibel des Google Pixel 9 Pro

Glossar der Begriffe

1. **Adaptive Batterie**: Eine Funktion, die maschinelles Lernen nutzt, um den Akkustrom für häufig genutzte Apps zu priorisieren und den Akkuverbrauch für weniger häufig genutzte Apps zu begrenzen.
2. **AMOLED**: Organische Leuchtdiode mit aktiver Matrix; eine Display-Technologie, die einen besseren Kontrast und eine bessere Farbgenauigkeit bietet.
3. **Android**: Ein von Google entwickeltes Betriebssystem, basierend auf dem

Linux-Kernel, hauptsächlich für mobile Touchscreen-Geräte.
4. **App-Schublade**: Der Bereich der Benutzeroberfläche, in dem alle installierten Anwendungen angezeigt werden.
5. **Backups**: Kopien von Daten, die an einem anderen Ort gespeichert werden, um Informationsverlust zu verhindern.
6. **Bluetooth**: Ein drahtloser Technologiestandard für den Datenaustausch über kurze Distanzen zwischen Geräten.
7. **Anrufüberprüfung**: Eine Google Assistant-Funktion, mit der Benutzer eingehende Anrufe auf Spam oder unerwünschte Anrufe überprüfen können.
8. **Chromecast**: Ein Gerät, mit dem Benutzer Inhalte von ihrem Mobilgerät auf einen Fernseher streamen können.
9. **Benutzerdefiniertes ROM**: Eine modifizierte Version des Android-Betriebssystems, die andere

Funktionen und Schnittstellen als die Standardversion bietet.
10. **Entwickleroptionen**: Versteckte Einstellungen auf Android-Geräten, die erweiterte Steuerelemente für Entwickler und Power-User bieten.
11. **z.B**: Eine eingebettete SIM-Karte, mit der Benutzer einen Mobilfunktarif ohne physische SIM-Karte aktivieren können.
12. **Schnelles Aufladen**: Eine Funktion, mit der Geräte schneller aufgeladen werden können als mit Standardlademethoden.
13. **Fingerabdrucksensor**: Eine biometrische Sicherheitsfunktion, die Fingerabdrücke zur Authentifizierung verwendet.
14. **Gestennavigation**: Eine Methode zum Navigieren im Betriebssystem mithilfe von Wischbewegungen und Gesten anstelle herkömmlicher Tasten.
15. **Google Assistant**: Ein KI-gestützter virtueller Assistent, der auf Sprachbefehle reagiert, um Aufgaben auszuführen,

Fragen zu beantworten und intelligente Geräte zu steuern.
16. **Google Lens**: Eine Bilderkennungstechnologie, die KI nutzt, um Informationen über Objekte bereitzustellen, die durch die Kamera gesehen werden.
17. **HDMI**: High-Definition-Multimedia-Schnittstelle; ein Standard zur Übertragung von hochauflösendem Video und Audio von einer Quelle zu einem Display.
18. **Hoher Dynamikbereich (HDR)**: Eine Technologie, die den Kontrast und die Farbpalette von Bildern und Videos verbessert.
19. **Startbildschirm**: Der Hauptbildschirm eines Geräts, auf dem Apps, Widgets und Verknüpfungen angezeigt werden.
20. **Nachtsicht**: Eine Kamerafunktion, die eine verbesserte Fotografie bei schlechten Lichtverhältnissen ermöglicht, indem sie Helligkeit und Details verbessert.

21. **Pixelkamera**: Das in Google Pixel-Geräte integrierte Kamerasystem, das für seine fortschrittlichen Fotofunktionen bekannt ist.
22. **RAM (Random Access Memory)**: Das Kurzzeitgedächtnis eines Geräts, das Daten für aktuell laufende Anwendungen speichert.
23. **ROM (Nur-Lese-Speicher)**: Eine Art nichtflüchtiger Speicher, der zum Speichern von Firmware oder Software verwendet wird, die selten geändert wird.
24. **Bildschirmauflösung**: Die Anzahl der auf dem Bildschirm angezeigten Pixel, normalerweise gemessen in Breite x Höhe (z. B. 2400 x 1080).
25. **SIM-Karte**: Eine kleine Karte, die in ein Mobilgerät eingesteckt wird und die es ihm ermöglicht, eine Verbindung zu einem Mobilfunknetz herzustellen.
26. **Super-Resolution-Zoom**: Eine Kamerafunktion, die die Zoomfunktionen durch fortschrittliche Verarbeitungsalgorithmen verbessert.

27. **USB-C**: Ein universeller Steckerstandard, der für die Datenübertragung und das Laden verwendet wird.
28. **Wi-Fi 6E**: Die neueste Generation der Wi-Fi-Technologie, die höhere Geschwindigkeiten und verbesserte Leistung in überfüllten Bereichen bietet.
29. **Widgets**: Kleine Anwendungen, die Informationen oder schnellen Zugriff auf Funktionen direkt vom Startbildschirm aus bereitstellen.
30. **2FA (Zwei-Faktor-Authentifizierung)**: Ein Sicherheitsprozess, der zwei Arten der Identifizierung erfordert, um auf ein Konto zuzugreifen.
31. **Geräteverschlüsselung**: Eine Sicherheitsfunktion, die Daten auf einem Gerät schützt, indem sie sie in ein sicheres Format konvertiert, auf das nur mit einem Entschlüsselungsschlüssel zugegriffen werden kann.

32. **Bildschirmspiegelung**: Der Vorgang der Anzeige des Inhalts des Bildschirms eines Mobilgeräts auf einem größeren Display, z. B. einem Fernseher.
33. **Mediensteuerung**: Funktionen, mit denen Benutzer die Wiedergabe von Audio- und Videoinhalten über die Benachrichtigungsleiste oder den Sperrbildschirm steuern können.
34. **Barrierefreiheitsfunktionen**: Tools und Einstellungen, die die Nutzung von Geräten für Menschen mit Behinderungen erleichtern sollen.
35. **Bildschirm-Timeout**: Die Dauer der Inaktivität, bevor sich der Bildschirm automatisch ausschaltet, um Batterie zu sparen.
36. **Mehrfenstermodus**: Eine Funktion, die es Benutzern ermöglicht, zwei oder mehr Anwendungen nebeneinander auf dem Bildschirm auszuführen.
37. **Datensparer**: Eine Funktion, die die Datennutzung reduziert, indem

Hintergrunddaten begrenzt und bestimmte Anwendungen eingeschränkt werden.
38. **Speicherverwaltung**: Tools und Einstellungen, die Benutzern helfen, den verfügbaren Speicherplatz auf ihrem Gerät zu verwalten.
39. **Spracheingabe**: Eine Funktion, mit der Benutzer Text mithilfe von Sprachbefehlen eingeben können, anstatt sie zu tippen.
40. **Cloud-Speicher**: Eine Online-Speicherlösung, die es Benutzern ermöglicht, Dateien und Daten auf Remote-Servern statt auf lokalen Geräten zu speichern.
41. **Systemaktualisierung**: Ein Software-Update, das die Leistung, Funktionen und Sicherheit des Betriebssystems verbessert.
42. **Menü „Barrierefreiheit".**: Eine Funktion, die Personen mit Behinderungen einfachen Zugriff auf häufig verwendete Einstellungen und Steuerelemente bietet.

43. **Automatisch drehen**: Eine Funktion, die die Bildschirmausrichtung automatisch an die Art und Weise anpasst, wie das Gerät gehalten wird.
44. **Live-Transkription**: Eine Funktion, die die Transkription gesprochener Wörter in Echtzeit ermöglicht und so die Kommunikation für Menschen mit Hörbehinderungen erleichtert.
45. **App-Berechtigungen**: Einstellungen, die steuern, auf welche Daten und Funktionen eine App auf Ihrem Gerät zugreifen kann.

Benutzerbibel des Google Pixel 9 Pro

Benutzerbibel des Google Pixel 9 Pro

www.ingramcontent.com/pod-product-compliance
Lightning Source LLC
Chambersburg PA
CBHW052258220526
45471CB00001B/400